UN VIAJE DE LA CONCIENCIA
INSOMNIO ESPIRITUAL

STEVEN MACHAT

MCNAE, MARLIN & MACKENZIE
BOOK AND PERIODICAL PUBLISHERS
GLASGOW   NEW YORK   LOS ANGELES
QUEENS ROAD, GLASGOW, LANARKSHIRE G42 800 SCOTLAND

Insomnio espiritual Copyright © 2019 por Steven Machat Todos los derechos reservados. Impreso en los Estados Unidos de América y en el Reino Unido.

Excepto por lo permitido por la Ley de Derechos de Autor de los Estados Unidos de 1976, ninguna parte de esta publicación puede ser reproducida, almacenada en un sistema de recuperación o transmitida, de ninguna forma ni por ningún medio, ya sea electrónico, mecánico, de fotocopiado, de grabación o de otra manera sin el permiso previo. permiso por escrito del autor o el editor.

Traducción al idioma Español por Audry Gutierrez Alea

ISBN-13: 978-1-68454-093-8
ISBN-10: 1-68454-093-3

Visítenos en www.m3publishers.com

Dedicatoria

A Mercedes Costa
Sin ti este libro nunca hubiese sido terminado.Me mostraste el daño del peso de ese equipaje que las religiones imponen al usar el miedo.
Ruego este libro te ayude,así como a otros a liberar a Jesús de la cruz. Jesús enseñó sobre el amor. Esta tierra de vibración fue creada para sostener y expandirse. El Vaticano ejerce el control, y el control puede volverse muchas veces maldad.
Que estas verdades nos liberen a todos.

Tabla de contenido

El mundo físico	9
Delantero desde Nephtali de León	17
Parte uno.	
El mundo físico.	
En el principio	21
Columba	25
La humanidad	27
Conciencia. ¿Qué es la conciencia?	49
Plantas	57
Contrato social entre la humanidad	71
La historia de la creación	79
Comunidad	103
Gobiernos	121
La segunda parte. El juego metafísico	133
Corriendo nuestras vidas	
El sistema mundial metafísico	
Creación del hemisferio occidental	143
Nuevo / Antiguo Orden Mundial	143
La Columba de las colonias norteamericanas	159
Democracia de masas	173
Democracia de masas, segunda parte	191
La Orden del Mundo Único	205
Democracia de masas tercera parte	213

Las soluciones

El mundo físico

¿Por qué nunca recibimos una respuesta a las preguntas que nuestro corazón hace acerca de la vida? ¿Dónde están las respuestas?

¿Por dónde empiezo después de tu creación física? Bueno, si estás aquí, ahora existes físicamente, entonces tienes un comienzo. Regresa a tu primera conciencia de tu comienzo. Esa vez que ve es cuando se dio cuenta de que está viviendo en un cuerpo y necesita saber qué hacer. Entonces, copia a otros que están cerca de ti.

Pero tu conciencia todavía tiene su conciencia. Y, amigos míos, estas preguntas necesitan sus respuestas porque nunca desaparecerán.

Preguntas del Grupo Uno:

Las preguntas formuladas por todos en un momento u otro en su vida:

1. ¿Quién soy yo?
2. ¿Quién eres?
3. ¿Cuál es la diferencia entre tú y yo?
4. ¿Por qué estamos aquí?
5. ¿Qué se supone que debemos hacer realmente?
6. ¿De qué se trata el mundo en el que vivimos?
7. Después de esta vida física, ¿qué sigue para nosotros?

Las siete preguntas anteriores son las preguntas elementales de la conciencia. Los siete han sido preguntas básicas de la humanidad para todas las edades. Luego, para controlar tus pensamientos, el sistema en el que vives crea las siguientes preguntas físicas y las escuelas o las religiones hechas por el hombre te dan las respuestas, ya que esta es la única respuesta, así que convive y haz lo mejor que puedas.

¿Cuál es la respuesta de la religión organizada? En esencia, estás intentando volver a Dios en el más allá. Compórtate y te irás con Dios. Te portas mal y vivirás en el fuego del infierno.

Si obtiene la respuesta incorrecta, esperamos que juntos obtengamos la respuesta correcta a medida que continuamos.

Preguntas del Grupo Dos:

1. ¿Cómo vivimos la vida?
2. ¿Cuál es la unidad de la vida?
3. ¿Cuántas unidades hay en la vida?

    a. ¿Individualmente?
    b. ¿Familia?
    c. ¿Tribu?
    d. ¿Comunidad local?
    e. ¿Regional?
    f. ¿Nacional?
    g. ¿Un orden mundial?

Podemos dividir estos grupos en muchos subgrupos. ¿Estas confundido? ¿Por qué? El sistema le brinda la protección que necesita para continuar y vivir dentro de su prisión mental de existencia a medida que se corta su flujo. Solo cuenta tus días no más. Por ahora estas viviendo tus años.

I)   ¿Qué es la nación?
II)   ¿Se supone que hay muchos o uno?
III)   ¿Qué es la religión?
IV)   ¿Quien es Dios
V)   ¿Qué es el equipo?
VI)   ¿Qué es lo primero? Dios o yo?
VII)   ¿Qué viene primero, yo o nosotros?

Y la pregunta infinita, nuestra octava pregunta,
¿Hay alguna diferencia entre Dios y yo y nosotros?

La verdadera pregunta es por qué no somos una tierra unida. Nos unimos por zonas horarias. Nos unimos para los juegos de la copa mundial. ¿Pero no podemos unirnos para ayudar a sostener y construir una vida mejor para todos? ¿Por qué? ¿Es porque queremos que todos son como nosotros? ¿No estamos hechos para ser lo que necesitamos para sobrevivir el medio ambiente de la tierra y la región en que vivimos? Cada región es diferente, entonces ¿por qué las personas no pueden ser diferentes? ¿Por qué no podemos unirnos para aceptar diferentes culturas de la vida?

Y la pregunta final es si todos nos convertimos en uno, ¿cuál es el nuevo juego de la vida física? ¿O se acabó el juego?

Grupo Tres Preguntas: Creación.

1. ¿Cómo?
2. ¿Donde? y
3. ¿Por qué?

Te di la respuesta corta cuando comenzamos esta experiencia.

Las preguntas a las que no escuchará las respuestas en su sistema de control mental de educación fija son las siguientes:

¿Quien es Dios?
¿Somos todos solo parte del cerebro de Dios?
¿Es el cerebro de Dios solo una gran matriz? La matriz de Dios

Lo guiaré en mi proceso de pensamiento para ayudarlo a comprender mis pensamientos sobre este asunto.

Preguntas Grupo cuatro: ¿Cómo creamos y hacemos cumplir el sistema de los gobiernos actuales de la humanidad?

1. ¿Por voluntad o por fuerza hacemos cumplir un sistema?
2. ¿Qué reglas nos dieron cuando nos encarnamos?
3. ¿Quién escribió las reglas de las religiones?
4. ¿Cuál es la diferencia entre la religión y Dios?
5. ¿Quién creó la realeza?
6. ¿Quién posee el conocimiento del pasado de nuestra humanidad?
7. ¿Todos lo tenemos?
8. ¿Quién posee el conocimiento? Dios o la humanidad?
9. ¿Cuál es nuestro pasado? ¿Quién lo escribió o qué pasó con el hielo debajo del iceberg del conocimiento?

Ejemplos son:
¿Qué es la Atlántida? ¿Existió? ¿Si es así, donde? ¿Cuáles son las lecciones de por qué desapareció la Atlántida? ¿Qué son las doce tribus? ¿O trece? ¿Cuál es el significado vivo del número 12 en todas nuestras culturas antiguas?
¿Que es la Biblia ¿Quién compiló la Biblia? ¿Cuál fue el propósito de cada editor de cada nueva interpretación de la Biblia?
¿Qué es la evolución? ¿Qué es la creación? ¿Alguna vez pensaste que tal vez los dos existen?
¿Qué es el espíritu? ¿Hay un mundo no 3D?

Preguntas Grupo Cinco: El Sistema

1. ¿Qué es el gobierno? ¿Gobernamos, o lideramos?
2. ¿Cuál es la diferencia entre ser un líder con una agenda subjetiva o una agenda objetiva?

Un breve descanso para todos, antes de continuar con este despertar a las preguntas con más de una respuesta.

Una vez más, ¿quién soy yo? ¿Por qué estoy escribiendo esto? ¿Cuál es mi juego final?

Voy a compartir esta verdad al final. Estoy aquí para ayudarte a que te des cuenta de lo que le sucede a alguien como yo que cuestiona las reglas del orden para controlar, en lugar de las instituciones para educar y preparar a la humanidad de las alegrías y las bellezas de vivir una vida física aquí en el campamento del cielo, no en la tierra. , donde las cosas deben morir para que puedas sobrevivir en forma física.

1. ¿Cómo protegemos a la humanidad?
2. ¿Cómo hacemos que la tierra sea segura y la salvemos para el futuro?
3. ¿Somos la respuesta, o somos el problema?

Preguntas Grupo Seis: Los sistemas actuales del primer mundo.

1. ¿Qué es el capitalismo? ¿Qué es el comunismo? ¿Quién financia a cada gobierno?
2. ¿Qué es un emprendedor?
3. ¿Qué es un visionario?
4. ¿Qué es la conciencia espiritual?
5. ¿Por qué el insomnio?

Preguntas del Grupo Siete:

Estas preguntas son para que las preguntes a tus familiares y amigos, así como a tus compañeros que te juzgan sin parar en esta vida física. Puedes juzgar ya que todo lo que hacemos es una llamada de juicio. La verdadera lección es no condenar. Ahora las preguntas.

1. ¿Quién se beneficia a medida que avanzamos en el círculo de nuestra existencia?
2. ¿Cómo protegemos a la humanidad ya que nosotros, los cultivos vivos actuales, somos los custodios del futuro?

3. ¿Importa?
4. ¿Qué es la información?
5. ¿Qué enseñamos primero?
6. ¿El árbol del conocimiento? o
7. ¿El árbol de la sabiduría?
8. ¿Es la vida sabiduría o conocimiento o ninguno de los dos?

Grupo de ocho preguntas.

Las eternas lecciones metafísicas colocadas en conocimiento sagrado en secreto por el sistema de control del orden físico y mental.

¿Qué son los mitos y qué son las fábulas?

Ejemplo de ser un mito:
¿Quién es Pinocho? ¿Cuál es el verdadero significado de la historia de Pinocho?
¿Estamos viviendo un mundo que nos hace Pinocho?
¿No somos todos hijos de Dios?
Si es así, ¿cómo nos convertimos en el niño que Dios nos creó para ser? ¿O nos creó Dios? ¿No somos un pensamiento fugitivo que descubrió cómo convertirnos en una existencia física?

Grupo de preguntas nueve: las preguntas que necesitamos que respondan del control mental actual de la humanidad.

A) Las religiones occidentales

La religión es una palabra Latina que viene de los pensamientos Griegos y significa atarte para controlar tus pensamientos. ¿Por qué tenemos controles de estricto orden conservador en las religiones que comparten el Dios Universal de la creación? ¿Por qué, por qué, por qué?

¿Qué es un Hebreo cuando se creó el pensamiento?
¿Por qué tres religiones reclaman a Abraham como el abuelo en la guerra religiosa y, a veces, física entre sí?
¿Dónde nos quedamos dormidos como humanidad, y luego se despertamos tan divididos?
¿Por qué nos olvidamos quiénes somos realmente?
¿Por qué estamos aquí y cuál es el deber de vida de sus antepasados y herederos?
¿Cómo manejamos la tierra y nuestra conciencia?

¿Qué es el gobierno?

¿Es el gobierno realmente un contrato social entre la gente? ¿Un acuerdo para crear reglas y regulaciones para garantizar la seguridad y la salud de la comunidad para la cual el gobierno fue creado o para gobernar? ¿Un acuerdo para crear riqueza para las personas que viven bajo ese gobierno tan debidamente creadas y aceptadas como los gobernantes o servidores del pueblo?
¿Cada contrato social que crea el gobierno necesita adaptarse a las condiciones de la tierra? ¿Qué es el contrato social del siglo XXI?
¿Cuál es el papel del gobierno en nuestra necesidad de mantener la naturaleza tal como está, para que nuestra especie no se extinga, como muchos otros vencen cada día, por nuestra culpa?
¿Sabiduría contra conocimiento? ¿Es su combinación la respuesta con nuestro despertar actual hacia el juego actual? ¿Por qué creemos algo que contrasta con la naturaleza?

B) Religiones / Filosofías orientales:

Hay muchas sectas, también conocidas como culturas, pero tienen dos denominadores comunes. ¿Qué son esas sectas? Hindú, Budismo, Jainismo, Taoísmo y Confucio.

Tratemos de comprender una parte de una imagen más grande.
Todo está hecho para que usted solo acepte el orden existente de propiedad y control.

El Este se encuentra con el Oeste en la tierra que hoy llamamos Irak e Irán. Hay dos ríos que separan nuestras culturas de Oriente y Occidente. Esos ríos son el Eufrates y el Tigris.

Mi apellido es Machat.

Aparentemente, como me lo dijo Robert Thurman, el historiador Budista en la ciudad de Nueva York, el nombre proviene de la ciudad que se construyó hace miles de años para conectar las tierras. El pueblo se llamaba Machad. Es el origen de mi nombre y, curiosamente, es el camino que viví produciendo música, aprendiendo los sistemas religiosos y económicos controlados por el pensamiento del mundo occidental y las culturas de lo que llamamos el mundo oriental. Todas las armas para evitar mi búsqueda para comprender el núcleo común de la humanidad que nos permitiría construir una base y convertirnos en amigos.

¿Por qué? Para recrear lo que aún no se ha creado: el cielo aquí en la tierra, no solo en la matriz de la conciencia. Una matriz que pronto aprenderás. Entonces, mi deseo de toda la vida es crecer y prosperar como una conciencia, no solo el hombre físico.

Prefacio

¡"Insomnio espiritual" fue escrito para despertarnos! Este es el Mantra que hace eco a lo largo de las palabras del autor Steven Machat. ¡Despierta! La acción es tan vital que la urgencia era ayer.

La mayoría de nosotros no solo estamos físicamente dormidos, sino también espiritualmente dormidos, pero no el autor. Sufre, disfruta, perdura, o simplemente experimenta, insomnio espiritual.
Machat siente que no nos importa lo suficiente nuestra condición humana. Un concepto recurrente en el libro de Machat es el de una "matriz", un lugar o matriz, donde las cosas se originan. Estos son tiempos para la intervención de crisis y este libro es un manual para eso.

El autor nos dice que tiene un amor ilimitado por la especie humana, y que este amor es la fuente de su motivación para dirigirse a nosotros. Tiene un trasfondo de estar involucrado con el entretenimiento en los niveles más calurosos (es el autor de Gods, Gangsters and Honor). Hizo una película en Inglaterra sobre el cantante de poetas Leonard Cohen y desafió al ex candidato presidencial, Marco Rubio, por su escaño en el estado de Florida. Steven ha dado conferencias en más de 100 países. Esto es solo un rasguño en la superficie para este inconformista abogado, autor, música / entretenimiento cinematográfico Spiritual Insomniac.

Comparo su libro con varios otros que han sido escritos y que han recibido atención y un seguimiento: The Lonely Crowd, 1950, de David Riesman; The Medium is the Massage, 1967, de Marshall McLuhan; y El mundo es plano, 2005, de Thomas Friedman. Todos ellos reflejan y analizan la naturaleza cambiante de la sociedad, su interacción con sus instituciones, su interdependencia con ellos y los cambios radicales que han ocurrido en el comercio, la comunicación, el gobierno, el comercio y la combinación resultante de lo bueno y lo malo de nosotros, como Una especie debe hacer lo mejor de.

La principal diferencia entre estos autores y Machat es que todos miran hacia el exterior, ven el mundo y sus sujetos desde el punto de vista de un observador, donde siempre hay "otros", "otras cosas" u "otros procesos". Eso vendrá al rescate para estabilizar y mejorar la sociedad.

Steven Machat no se inmutó en 2018 para ir más rápido, observar lo que está lejos y observar lo que está más cerca y más aterrador. Mira hacia adentro con su intuición de "alma", con ese sexto sentido que tienen los humanos, para ayudarnos a determinar nuestra orientación personal y social. Hace lo que a Estados Unidos nunca le ha resultado fácil de hacer, se vuelve honestamente introspectivo.

Es esta introspección que siempre falta en casi todos los libros y comentarios sobre el estado de la nación, el estado del mundo y el estado del individuo. Esta cualidad y proceso se encuentran en el insomnio espiritual. Es este examen dirigido hacia el interior de los múltiples factores que interactúan en la composición de nuestra sociedad lo que está en el corazón de las apasionadas observaciones de Machat.
 Machat tiene una visión amplia e inclusiva de nuestra presencia, resultados y responsabilidades. ¡Sigue examinando las especies desde una perspectiva sociológica, pedagógica, histórica, metafísica, ontológica y espiritual!

Según Machat, nos hemos quedado dormidos al volante! ¡Él señala que alguien (una serie de ladrones criminales, sociales) se ha fugado con nuestros procesos de pensamiento! Luego se enfoca en el "contrato social" entre nosotros y los que nos gobiernan. Es un nuevo tipo de

Prometeo haciendo y robando fuego de la oscuridad para dárselo a la humanidad.

Esto es más que un libro oportuno. Es lo que Machat llama un llamado de atención a la acción antes de que el sueño de un casi "Camelot", una Nueva Atlántida potencial, esté completamente en el olvido para siempre.

Hacia fines de septiembre de 2018, el presidente de los Estados Unidos, Donald Trump, habló al mundo en las Naciones Unidas. "Rechazamos la idea del globalismo y abrazamos la doctrina del patriotismo ..."
Lanzó un ataque de 35 minutos contra los valores mundiales de solidaridad, globalización y respeto de instituciones internacionales como la Corte Internacional de Justicia que procesa el genocidio y la guerra. crímenes y crímenes de lesa humanidad, como lanzar bombas alrededor del mundo y el secuestro de niños en Estados Unidos y ponerlos en jaulas. Esto se ha hecho con familias inmigrantes que llegan de países devastados por la violencia en América Central, que buscan asilo, después de huir a pie. Ya llegan traumatizados, y Estados Unidos los libra a través de un trauma aún más inhumano de romper la red de su zona de seguridad, sus familias, enviandolos a campos de concentración lejos uno del otro.

Nuestro problema podría ser que muy a menudo parece que no hay responsabilidad o consecuencias para los que están más arriba, o los que tienen un arma oficial, ya que hay para el resto de los mortales que no pertenecemos al 1% superior, o tienen una poderosa cargo en el gobierno? Machat no se queja con las palabras cuando dice que ciertos grupos, como los banqueros, tienen sus pérdidas socializadas (los ciudadanos pagan por sus fracasos o los delitos planeados y previstos), pero sus ganancias son individualizadas (solo que disfrutan de sus éxitos). Quién puede realmente ¿La justificación "demasiado grande para fallar"? Nadie lo hace, pero esto es exactamente lo que el gobierno nos impone.

Por lo tanto, no es sorprendente que un ser humano sensible de hoy tenga insomnio espiritual. Este libro es un llamado apasionado a la acción contra lo que nuestro sueño Rip Van Winkle ha permitido que ocurra. ¡Espera, él durmió solo por 20 años, mientras que hemos heredado un sueño más de 200 años! ¡El despertador ha estado sonando el tiempo suficiente!

La sociedad, la cultura y el gobierno de nuestra nación han sufrido un colapso. Este libro también tiene mucho que ver con la identidad, donde la pérdida de nuestra percepción nos ha hecho incoherentes. Nos hemos vuelto sin timón en un mar de problemas. Si estamos hechos a la imagen de Dios, entonces debemos actuar como Dios y no jugar a un Dios irrazonable, decidir que la creación es para que hagamos lo que hagamos, sin importar las consecuencias. El cliché de "la historia se repite" es más que apropiado aquí.

Parafraseando a Machat, "¡Mira a los criminales en el gobierno! ¡Mira a los criminales en la Corte Suprema! Estas son mis palabras, no las suyas. Esto es porque todos somos Steven Machat. Todos debemos enfrentar nuestro propio insomnio espiritual y convertirnos en centinelas activos y vigilantes de nuestra supervivencia.

Steven Machat, el optimista siempre pro-activo, nos dice que podemos hacerlo, que podemos salvarnos, y le creo. El insomnio espiritual es más que una llamada de alarma; también es un empoderamiento edificante, una garantía de que tenemos lo necesario para despertar y lograr un cambio para nosotros mismos y para nuestra comunidad global.

Nephtali De León
Poeta Chicano, autor, pintor muralista.

Parte uno.

El mundo físico.

Al principio

¿Es tu comienzo, o el mío? ¿Somos de la misma fuente, o somos creaciones diferentes? Si es así, ¿cuál es el juego? ¿Ganar favor con el jefe para que podamos vivir con el jefe? O ¿ hacer lo que somos capaces de hacer y crear un mundo para que todos vivamos, sobrevivamos y prosperemos en el presente, nuestro presente y también para que los futuros visitantes tengan un presente?

Síganme mientras los guío en un camino de conciencia de ladrillos amarillos hacia nuestra vida individual y colectiva aquí y ahora.
Te despertaste de un sueño y ahora estás dentro de un bebé. Usted ve, oye, y está a punto de aprender que puede probar, tocar y sentir los cuerpos físicos. ¿Así que dónde estás?

Mis amigos, ustedes cayeron en un cuerpo. El cuerpo que tus padres te dieron al aportar su ADN y el ARN de tu madre desde su matriz, el horno de la vida, donde tu conciencia nada como una sirena en esta vida física basada en la tierra.

Te das cuenta y lloras desde el cuerpo en el que estás ahora, esta es la celda de la prisión de la Tierra. Una tienda de oxígeno que le permite explorar la vida física para la vida interna y externa que ahora tiene físicamente.

Tu existencia física tiene un comienzo aquí en la tierra. Tu existencia eterna siempre ha existido, y esto es solo un viaje a una nueva dimensión para que aprendas y experimentes el juego de la conciencia en un deseo infinito de descubrir lo que realmente eres.

Este es tu amanecer. No tienes miedos futuros. Miras a tu alrededor y el mundo te asombra. Puedes oler y probar los perfumes de la vida. Puedes ver las dimensiones en forma 3D.

Usted grita: ¿Qué me acaba de pasar? Tal vez te azotaron para despertarte.

Este es un viaje que acabas de hacer, y ahora debes aprender qué hacer y cómo hacerlo mientras permaneces prisionero aquí en la tierra. Tus padres son tus primeros maestros. Se pusieron codiciosos y querían bebés. Tienes codicia y quieres más vida. Ambos se servirán mutuamente en esta búsqueda interminable de crecimiento.

Estás obligado a comer las creaciones de la vida. Todo lo que aquí en la tierra se crea a partir de un gas que se licua y se materializa. Luego puede ir en modo inverso para generar una nueva forma de creaciones terrestres. Hay reglas para vivir aquí en la tierra. Hay deseos y necesidades de vivir una vida plena y productiva. Este libro que he escrito es para abrir sus mentes a las verdades eternas de ustedes, tanto ustedes como las personas, y nosotros somos la conciencia de la que todos venimos.

Este libro está dedicado a todos los lugares en los que he tocado, sentido, probado y escuchado, así como visto en mi interminable búsqueda de la humanidad que vive en el mundo material.

Entonces, mis amigos, abran sus mentes y luego abran los ojos, esta vida física durará tanto como dure.

Unas pocas palabras sobre mí antes de emprender este viaje.

Soy un soldado de amor como tú, y también misionero, un peregrino en un viaje para aprender y compartir las bellezas y las trampas de este juego de la vida.

Esto para mí es mi testimonio viviente de 65 años de lo que aprendí, y también recordé, todos diseñados para compartir con ustedes. Porque todos ustedes son mis hermanos y hermanas, cualquiera que sea su edad. Todos somos hijos de Dios. Todos somos una raza con muchas culturas y diferencias individuales que nos hacen únicos y especiales. De hecho, bastante extraordinario, si nos permitimos vivir para prosperar, no luchar por la moneda de curso legal para simplemente sobrevivir. Debemos crear un mundo equilibrado donde el amor sea la respuesta. Debemos ayudarnos mutuamente a construir nuestro paraíso colectivo.

Como algunos de nosotros, me comunico con mis antepasados y con Dios. Constantemente hago mis preguntas y mientras duermo, recibo respuestas. Cuales son realmente más preguntas.

He vivido muchas vidas con una constante a lo largo. Esa constante es mi búsqueda de conocimiento y sabiduría. Muchos se crían para acumular riqueza material, aprendiendo solo el conocimiento de cómo jugar el juego de posesiones de sistemas actuales ante la comunidad.

Aprendí ese juego y lo he jugado también. Pero me dejó un agujero, uno grande en mi corazón, ya que necesito y quiero amor.
Este corazón es donde vive el amor. El corazón es el hogar de Dios. Y cuando necesitamos a Dios, podemos sentir las manos de Dios tranquilizando nuestro corazón. Solo pide el amor de Dios. Dios responderá. No necesita un tercero para hablar con Dios por usted.

Columba

Para cada individuo, ya sea apasionado, seguidor, privado de sus derechos o fugitivo del sistema de control de pensamiento de nuestros sistemas actuales que se supone que nos están sirviendo, el insomnio espiritual lo lleva a lo más profundo del agujero / vacío del conejo, donde se dará cuenta y Entender cómo se crean estos sistemas. Aprende cómo se aplican y cómo estos sistemas sirven a los pocos al poseer y controlar el conocimiento de la existencia y el propósito de la humanidad aquí en la tierra.

Comenzará a comprender la función de estos sistemas en un esfuerzo para que las personas obtengamos la fuerza para recuperar colectivamente nuestro poder. Las personas colectivamente son el poder.

Este es el mensaje y esto se conoce para siempre como la Columba.

Una Columba significa literalmente del latín, una paloma que lleva un mensaje. Pensamos que debe ser una paloma por lo que no entendemos que es el medio que se casa con una imagen. Entonces esa imagen es lo que se proyecta en tu mente como el mensaje que el creador del mismo quiere que creas.

Cuando nace Columba sirvió para ocultar el motivo por el que se creó el significado. El mensaje es controlar la forma en que vemos nuestro mundo.

Mi objetivo aquí y ahora es tener este libro como la Columba para nuestro mundo del siglo XXI. Mi mensaje es amor, mi mensaje nunca se da por vencido. Recupera tu mundo para ti y tus herederos. Hagámoslo ahora.
Este sistema actual ha existido desde que nosotros, la humanidad, creamos la palabra escrita. Luego creamos

organizaciones que poseen y controlan tus poderes para crear e interpretar tanto en el mundo meta como en el físico de la realidad. Las verdades sagradas están escondidas dentro de ciertas palabras.

Nuestros sistemas actuales están todos interconectados. Estos sistemas, por nombrar algunos, son sus gobiernos, partidos políticos, proveedores de medios, sistemas escolares y religiones organizadas del mundo. Estos sistemas nuevamente están interconectados y trabajan juntos para hacer todo lo posible para que no aprendas que eres una persona única, especial y extraordinaria. No eres solo un número.

La palabra Genio en Latín traducida al inglés significa estar en contacto con el espíritu. Espíritu superior, espero. Porque también hay genios malvados, como Hitler, que habla con otros poderes y luego traduce esos pensamientos en acciones y materiales para el mundo vivo de la propiedad y el control.

Mi objetivo es regresar a los poderes superiores y a Dios, para que todos podamos disfrutar del mundo en el que pensamos que viviríamos cuando acordamos encarnarnos nuevamente aquí en la tierra.

Humanidad

El juego llamado vida física. Vamos a empezar con usted ¿Quién eres tú?

Empiezas como un sueño. Tus padres tocan sus instrumentos de órganos sexuales juntos como una orquesta y juntos crean su canción, Tú. Y ahora como canción, eres tú creación de la tierra humana, separada de sus sueños para vivir la vida aquí en el Planeta.

Eres una vibración viva de amor. Adquieres otros instrumentos dentro de este cuerpo tuyo que tienen sus propias vibraciones. Estos instrumentos, que se llaman órganos, tienen sus propias necesidades y desean trabajar en armonía para mantener viva esta máquina para que usted viva y experimente una vida tridimensional.

Pero tu conciencia, tú el ser, existían antes de tu creación terrenal. Has venido a través de tus padres para vivir la vida aquí en la tierra. Usted vino a la tierra para vivir esta vida física de la tierra.

¿Qué es la vida en la tierra?

Eres tú, y todos los demás, quienes están en un cuerpo terrestre en 3D que comparte el aire que respiras. Beber el agua en que se convierte el aire y comer la comida de la tierra nos permite sostener nuestros cuerpos, así como también darnos la energía para hacer lo que hacemos físicamente.

Por cierto, todos tus ancestros y herederos han respirado y respirarán el mismo aire. El juego de la vida en la tierra termina cuando cambiamos el aire para que nuestros cuerpos no puedan respirar. Más sobre esto más adelante.

Una vez más te pregunto, ¿quién eres?

Tú no eres un número. Eres más.

Usted es un individuo especial único y extraordinario que es miembro del grupo llamado humanos.

¿Qué es un hombre Hu?

Un Hu-hombre es uno que vive en la tierra y es capaz de pensar, crear, soñar y construir sus castillos, tanto vocalmente como con acción física, en la arena que llamamos tierra.

¿Por qué estás aquí? Viniste a la tierra para poder tocar y sentir, así como para probar, escuchar y ver en formas físicas. Las formas físicas que sientes son fijas. Sus pensamientos no tienen límites, pero sus realidades físicas vivientes sí tienen límites.

Viniste con la conciencia espiritual que olvidas cuando encarnas. La vida tridimensional es dura para ti. Pues ahora tienes límites a tus pensamientos. Debes construir tus sueños para hacerlos una realidad 3D.

Para hacer que tus pensamientos, los sueños o las pesadillas (que elijas mientras controlas) se conviertan en realidades de la vida física en 3D, necesitas un equipo. Pero para tener y ser parte real de un equipo debes tener salud. Tu cuerpo fue hecho para fluir, no para llenarse. No hay médicos para detener una enfermedad. Pero la salud es para prevenir enfermedades. Yo llamo a esto salud real.

Salud Real

¿Qué es la salud real? Una palabra, balance.

La salud real equilibra las reglas de la vida de la tierra. La verdadera salud celestial es equilibrar tu mente, cuerpo y corazón, no solo tu alma continuamente. Además, la salud real es asegurarnos de que usted y nuestra conciencia de las partes individuales (incluidos nuestros espermatozoides y óvulos) continúen después de nuestra experiencia de vida actual.

Necesitamos entender que nuestro cuerpo es realmente una planta como su base de construcción. El cuerpo crea instrumentos internos que nos dan la capacidad de hacer nuestros movimientos. Además, el cuerpo alberga tu mente y tu alma, nuestra conciencia colectiva y DIOS.

La mente es memoria y es un árbol de conocimiento. Te enseñará a sobrevivir. Tu corazón es tu luz verde, también conocido como Dios, y es donde reside la sabiduría de quién eres.

Y recuerda que tienes tres partes. Tú, nosotros y Dios. Tú eres el individuo. Nosotros la conciencia colectiva de donde viene nuestra identidad individual.
Dios, de donde venimos todos y al final volvemos a. El juego de la vida es para ti, el individuo y nosotros, el colectivo, para ir a casa solo con Dios, sin tus partes divididas.

Lo que falta en nuestro sistema educativo es que no se te enseña que tienes un tercer ojo interno. Uno que puede volver a la matriz de todos los pensamientos vivos y volver a los poderes superiores del pensamiento y la comprensión. Esto lo veré más adelante en este libro. Por ahora, solo tratemos la vida física y el deber de una comunidad de todas las edades para enseñarnos cómo sobrevivir, prosperar, no solo existir.

Hoy, existimos para ser esclavos de aquellos que conocen las verdades sagradas. Las verdades de quienes tienen el control hacen un secreto para mantenernos bajo su control.

Entonces, para hacer de la vida nuestro Jardín del Edén, debemos aprender cómo tener una salud real y equilibrada. Una vez más, repito, ya que este es un ejercicio mental que debe repetirse para que lo sintamos y lo obtengamos, una verdadera salud tanto para nosotros como para nuestros futuros seres que vivimos para traer aquí a la tierra.

Necesitamos mantener sano el cuerpo físico de la planta. Y para hacerlo debemos honrar y proteger la tierra que hace tu cuerpo. Porque la tierra es donde nos alimentamos. La comida que comemos, el agua que bebemos y el aire que respiramos. Es un triple encabezado.

Y necesitamos alimentarnos de alimentos sanos creados por la tierra. Hoy nos alimentamos con copias químicas hechas por el hombre de los alimentos de la tierra. Esa comida no tiene vida y para vivirla en plenitud necesitamos organismos vivos de la tierra. No la alteración del OGM de las mentes del hombre. Nuestros órganos necesitan biología para existir y prosperar. Para hacer de nuestros cuerpos terrestres las máquinas mejor equilibradas, los cuerpos fueron creados para ser.

La Tierra está equilibrada y nosotros, parte de la Tierra, debemos mantener ese equilibrio o perderemos el equilibrio de nuestros cuerpos físicos si cambiamos nuestra composición de planos de la naturaleza. En verdad, somos una conciencia colectiva, dividida en partes más pequeñas, explorando la vida física en nuestro cuerpo terrestre, tanques de oxígeno hechos para respirar y alimentarse aquí en la tierra.

Nuestro cuerpo terrenal es una creación de la madre tierra que actúa como un traje de cuerpo vivo hecho para albergar nuestra conciencia aquí en la tierra. ¿El cuerpo de la humanidad para vivir aquí en la tierra? Sí. ¿Cómo funciona como tal? Es un deporte de equipo, tu cuerpo.

Haz creer que son nueve de los principales jugadores del equipo independiente, una especie de equipo de béisbol, diferentes jugadores que forman un equipo en el campo de nuestro cuerpo de máquinas con base en la Tierra. Y tenemos un bateador designado de tiempo completo que se asegura de que permanezcamos en el campo.

Ese bateador es nuestro pulmón.

Llamemos a estos jugadores órganos. Cuando se equilibran, esos nueve y el sub-equipo de todas las partes de esos nueve órganos, nos hacen un gran cuerpo hecho en la tierra. ¿Qué son estos órganos? Bueno, aquí vamos. Por favor sígueme como te explico.

A. Piel

La piel es el órgano más grande y su función principal es mantener la temperatura de los cuerpos. ¿Cómo?

Por favor, siga este breve resumen de la piel.

La piel tiene glándulas sudoríparas para enfriar el cuerpo. La piel también crea el pelo levantado de piel de gallina en muchos de nosotros para atrapar el calor en el cuerpo. La piel tiene glándulas de aceite. Las glándulas sebáceas ayudan a mantener la piel lubricada y evitan que se seque. También evita que su cabello se seque y se vuelva muy quebradizo. La piel elimina las células que ayudan a mantener nuestra piel firme y eficaz.

Sin la piel no tendríamos cubierta. El resto de nuestro cuerpo estaría expuesto a los elementos. No seríamos nosotros. Honra tu piel. Escucha la piel. Te hablará haciéndote saber que la piel existe. Lo que sientes es la piel que te dice que me recuerdes, me siento incómodo.

He discutido anteriormente las verdades físicas sobre nuestra piel. Aquí, en la tierra con fines de lucro, hemos creado cremas químicas y productos químicos para rehacer su cara y otras ubicaciones expuestas del cuerpo.

Mi visión del mundo es no lo hagas. Estos productos químicos no están hechos para su cuerpo y al igual que excavar para obtener petróleo o frackear nuestras tierras y mares, no es bueno para usted ni para la tierra, por lo que poner productos químicos creados en el laboratorio en su cuerpo exterior. Ahora las cremas orgánicas de flores y plantas es un pensamiento diferente.

Pero los químicos entran en tu cuerpo y cambiarán el equilibrio de tu cuerpo. No puede ayudarte excepto para las apariencias falsas a corto plazo.

Esto no es cuidado de la salud, esto es pura conducta incorrecta. Mantenerse orgánico. Y aprenda a equilibrar estos órganos manteniéndose joven de corazón.
Y viviendo solo una vida orgánica sin miedo. No entender el miedo te hace sufrir por dentro y por fuera. Llevas tus miedos internos y externos.
Me hace pensar en Oscar Wilde y su historia Dorian Gray.

B. Cerebro.

¿Qué es el cerebro? El cerebro es en realidad el CEO de nuestro cuerpo. No el creador sino el administrador. El cerebro también es, en esencia, nuestra computadora viviente. Hará lo que nuestro corazón quiera que haga o lo que el instinto animal de supervivencia nos obliga a hacer. La verdad es que es su elección cómo usar y manejar su cerebro.

El cerebro pensará por ti pero nunca con mayor conocimiento. Reacciona a tus emociones y deseos. Esos deseos son respuestas de la tierra o creados a partir de deseos superiores. Tu conciencia no terrenal. Bueno, vivimos en un mundo de deseos terrenales. Hemos perdido nuestra conciencia espiritual. Voy a compartir más sobre esto más adelante.

El cerebro almacena información. Una computadora viva. La información es conocimiento. La información no es sabiduría. Gran diferencia.

El cerebro físico le permite a usted, a la conciencia, pensar, en realidad recordar. Es tu conexión con la tierra y la conexión física de la tierra con tu conciencia. El control interno del cuerpo que ve el ojo es el tercer ojo. Es interno, y uno debe aprender a usarlo. Cuando abres este ojo, estás en contacto con tu poder espiritual superior.

La sabiduría a veces se convierte en una llamada de momento a momento cuando revisa las circunstancias de la vida. Debes tener una flota de pies. Sí, puedes hacer planes, pero recuerda que la vida es un juego multitudinario con muchos participantes. Esté preparado para que lo incierto suceda. Cuando lo haga, no te asustes. Respire profundamente por la nariz, contenga la respiración, cuente hasta diez y luego exhale. Abre los ojos y verás que todo está bien una vez más. Además, estarás en el flujo y sabrás qué hacer.

El cerebro es donde se publica internamente la información para informarle a sus funciones vitales diarias para mantenerlo en movimiento y con vida, para que el resto de su cuerpo lo lea y actúe. Esas funciones vitales son 1) Respirar, 2) El flujo de sangre dentro y fuera del corazón y 3) Digestión de los elementos que usted pone en el cuerpo. Elementos para darte la energía para moverte y no solo existir.

El cerebro es la torre de comunicación del cuerpo. Cuando estás feliz, triste, con dolor o éxtasis, todos esos nervios le dicen a tu cerebro: "Oye, esto es lo que estoy sintiendo, así que dile a la conciencia que sea consciente de este sentimiento".

El cerebro es tejido blando y está protegido por el cráneo. Las lesiones en la cabeza son graves. Al igual que dejar caer una computadora. El sistema puede funcionar mal de una manera u otra. Por lo tanto, será su cerebro cuando se golpea. Directo o indirecto podría haber daños. El cerebro debe mantenerse consciente y equilibrado.

C. Corazón

El equilibrador. Las escalas de nuestra justicia interna y el organismo que hace que nuestro cuerpo físico se mueva. El corazón es el equilibrador interno porque el corazón es realmente espiritual, y la vida física se comunica con Dios.

El corazón es nuestro templo, iglesia y mezquita. El corazón no es solo una máquina, como el cerebro. El corazón es donde vive Dios y es la verdadera guía superior si escuchas todos tus pensamientos antes de tus movimientos. Suelte el El en el mundo y verá que somos la forma de arte que Dios nos permitió tener para que podamos tener una experiencia física llamada Viva.

El corazón eterno debe controlar sus impulsos animales basados en la tierra. En esta vida física de la máquina, el trabajo del corazón es bombear sangre oxigenada por todo el cuerpo y recibir a cambio sangre desoxigenada.

La sangre oxigenada es sangre llena de oxígeno de los pulmones. La sangre desoxigenada se envía a los pulmones, donde los pulmones eliminan el dióxido de carbono y devuelven el oxígeno a la sangre. Este papel físico del corazón, repito, es el de una máquina.

Equilibrar. La vida es un gran juego de equilibrio. Aquí está nuestro primer ejemplo vivo. ¿Qué hace la tierra con el dióxido de carbono cuando lo exhalamos? Al exhalar, se lo damos a las plantas que usan el carbono del aire para formar sus tejidos. Esto se llama fotosíntesis. La fotosíntesis es exactamente la reacción química opuesta que creamos cuando respiramos. Necesitamos los dos o no sobreviviremos. Otra vez. Una balanza de equilibrio.

¿Dónde están esos tejidos vegetales? Bueno, solo mire sus raíces, sus tallos, sus hojas y sus frutos. Esos cuatro son los tejidos de una planta. Los tejidos son la piel y los brazos de las plantas, así como las piernas con las flores y los frutos. En esencia, las uñas que contienen la glucosa que necesitamos para mantenernos vivos es una fruta o una flor, la esencia del amor de las plantas, que olemos, ya que no somos capaces de escuchar las voces de las flores, llamadas vibraciones.

La vida física en la tierra es un gran círculo, la vida no es una línea recta. Es un círculo que tiene sus altibajos y luego comienza de nuevo con un nuevo cuerpo utilizando los mismos elementos que antes, ausente su santo espíritu. La energía invisible que llamamos fantasma, la conocemos como la esencia que nos da vida.

Nuestra vida individual es una línea de tiempo, pero nuestro cuerpo regresa a la tierra y se manifestará nuevamente. Nuestra conciencia regresa a la matriz eterna y luego elegimos a dónde vamos desde allí. Compartiré más sobre esta verdad eterna más adelante.

Ahora, solo una rápida barra lateral de pensamientos, debo compartir contigo. Cuando liberamos físicamente carbono en la atmósfera a partir de combustibles fósiles en nuestras máquinas hechas por el hombre que no son parte del diseño viviente de la naturaleza, estamos cambiando el equilibrio de lo que la vida está formada aquí en la tierra. Si seguimos haciéndolo ¿qué pasará? Tenemos un exceso de carbono, por lo que debemos crear un uso para este carbono adicional o no producirlo.

¿Por qué? La vida aquí va a cambiar. Demasiado carbono cambiará el balance de carbono a oxígeno. Cambia el equilibrio de la vida animal y vegetal. Cambia nuestros mares y entonces, ¿hacia dónde vamos como conciencia desde aquí? Una canción que no queremos que tengamos que responder. Promesa.

De regreso a nuestro corazón:

¿Qué pasa cuando oxidamos nuestra sangre? El hierro transporta la sangre a través de nuestro sistema y alimenta a las células con el oxígeno. Cuando la sangre oxidada tiene un exceso de hierro, el cuerpo se oxida y nuevamente necesitamos equilibrio. No es diferente a los coches de antaño. Nuestros cuerpos comienzan a oxidarse. El corazón es la bomba de combustible para vivir la vida y para equilibrar sus necesidades físicas y de conciencia superior.

El corazón debe estar equilibrado. El corazón debe equilibrar el espíritu de la vida con las realidades físicas de esta vida. El miedo y el odio pueden hacer que su sistema desequilibre su corazón, lo que lo convierte en una bestia, no en los ángeles que podemos ser, y permanecemos, si aprendemos a equilibrar las emociones del pensamiento que recorren nuestro corazón. Y nuevamente, físicamente el corazón hace su trabajo de obtener oxígeno por todo nuestro cuerpo.

D. Riñones

La vida que acabo de compartir contigo es una sensación física, así como un sueño eterno hecho realidad. Tenemos la oportunidad de vivir nuestros deseos y deseos de nacimiento pre-tierra. ¿Con qué propósito? Llegaremos al final de este libro.

Los riñones se encuentran debajo de la caja torácica en la espalda baja. Tenemos dos. Solo necesitamos uno, ya que puedes sobrevivir con solo uno. Pero no deberías.

El papel de los riñones en nuestra vida física es sacar el agua y la sal de nuestra sangre y producir la orina que devolvemos a la tierra. ¿Qué orina externa ayuda a la Tierra a hacer lo suyo para todos los demás seres vivos? La orina humana procesada alimenta a las plantas con la sal mineral que las plantas necesitan para crecer y prosperar.

Los riñones también producen renina. La renina es una enzima que, según me dicen, desempeña un papel importante en la regulación de la presión arterial de nuestro corazón.
 Sin embargo, los medicamentos para la presión arterial que nuestros productos farmacéuticos corporativos envían a los médicos y les pagan a los científicos para que digan que en algunos casos están bien, en realidad dañan los riñones, lo que ayuda a regular nuestra presión arterial.

Esto es poner las ganancias de papel intencionalmente frente a la asistencia médica real. Las píldoras que tomamos en muchos casos se convierten en una curita para detener temporalmente un problema. No cura la causa de nuestra enfermedad.

El verdadero objetivo de la atención médica debe ser prevenir la embestida de la enfermedad, no solo arreglarla durante el tiempo que pueda el medicamento. Las ganancias antes de que los individuos de la salud corran y se escondan detrás del velo de las corporaciones, conocen esta verdad pero creen que no las alcanzará en este momento. Cuando lo haga, tendrán nuevas curas para venderte por el daño que acabas de hacer.

Los productos químicos no son capaces de curar en nuestra vida, la vida orgánica a largo plazo. Sólo la biología, los organismos vivos pueden perpetuar la vida en términos reales.

Sigue esto por favor. Todo lo que pongamos en nuestros cuerpos debe estar vivo al mismo tiempo. Debe tener células con electrones y protones, así como el neutrón que contiene la energía de la vida. Los productos químicos no tienen neutrones vivos. La vida y su creación es así de simple. Tus células tienen energía de vida en los neutrones. Por favor entiende esa verdad. Y haz que la gente lo honre y deja de venderte productos químicos de los laboratorios.

Volveré a este tema cuando escriba las metas del gobierno del siglo XXI más adelante, pero por ahora marque esto.
* El gran negocio mundial actual, basado en el capitalismo corporativo, no es un sistema de creación. No creó nada. Perpetúa lo que se ha creado en detrimento del público en general.
* Cuando los que tienen el control aprenden la verdad de sus medicamentos y de los OGM, desafortunadamente, la bestia toma el control y dice: "Atorníllalos, ya que yo y mi familia debemos beneficiarnos sin importar qué". Por lo tanto, continúan con el comportamiento incorrecto.

Ahora, volviendo a los riñones y la renina, las sustancias creadas por el riñón aparentemente se utilizan para equilibrar internamente el flujo de la presión arterial. Cuando esta presión arterial está fuera de control, no solo es su sistema físico, sino también su capacidad para recibir las palabras y los pensamientos que produce su corazón. Puedes convertirte en un animal que solo existe para sobrevivir a la vida física.

Los remedios, como la meditación, disminuyen la presión arterial, más que solo pastillas. Tal vez su estilo de vida ya no funciona. Aprendí esta lección más de una vez. Solo digo.

Y cuando sus riñones no funcionan, usted morirá a causa de su orina, veneno o presión arterial alta. Mi abuelo Sam Golden, de quien me llamó después, lo hizo.

Cuidado de la salud: barra lateral, hoy sabemos que los OGM (organismos modificados genéticamente) son malos. Sabemos, como sociedad de conciencia, que la perforación de energía de combustibles fósiles y el fracking deben detenerse. Sabemos que el agua debe ser limpia por naturaleza, no purificada por productos químicos que vertemos en el agua. Sabemos que el aire que respiramos debe permanecer limpio, libre de químicos radicales de combustibles fósiles que depositamos en el aire.

Si estudias la mitología griega, observa los combustibles fósiles como titanes enterrados por los dioses de segundo nivel de la tierra. Hay una razón entonces para que los titanes tuvieran que permanecer en el suelo. Hay una razón hoy por la cual este combustible fósil no debe ser permitido en nuestra superficie. Puro no es la naturaleza. El mundo está perdiendo el equilibrio por el hombre y el hombre abusó de la tierra solo para el hombre. Nuestras vidas están en equilibrio. ¡Vamos a despertar!

E. Hígado

La ubicación de nuestro hígado es la parte superior del estómago, llamada abdomen. El hígado está a la izquierda de nuestro centro, etapa izquierda del cuerpo. La función principal del hígado es producir bilis. La bilis, cuando se forma, se envía al estómago para que podamos digerir lo que hay en nuestro estómago. El hígado también regula el azúcar en la sangre mediante el uso de insulina.

Esta verdad la conozco bien, como diabética tipo uno durante la mayor parte de mi vida actual. Aquí es donde nuestro cuerpo convierte los azúcares y los almacena para que nuestra sangre los use cuando sea necesario. Y el hígado filtra las toxinas, como el alcohol y las píldoras, hasta cierto punto. Demasiado de estos químicos y el hígado se apaga. Un hígado en bancada ya no juega activamente a tu juego de la vida, y tu cuerpo pierde el equilibrio y se vuelve tóxico, y luego se produce una muerte prematura.

Este órgano, el órgano interno más grande, es donde nuestro cuerpo obtiene su colesterol. Las grasas se descomponen en el hígado en azúcar. Aquí es donde se produce la diabetes dos. El hígado no puede descomponer el abuso de sustancias de los organismos genéticamente modificados, así como los alimentos fritos, así como el alcohol, como dije anteriormente, así como todas las sustancias que la Tierra no produce en primer lugar.

Atornille con su hígado a través de su estilo de vida y perderá el equilibrio de la vida. Te convertirás primero en un animal herido.

F. Páncreas

Un momento para un poco de conocimiento sagrado: la palabra páncreas, es una combinación griega de palabras. Pan para todos, y arrugas para la carne. Creas es la versión latina y en griego se escribió con una K. Entonces, si ves una palabra que comienza con una C y, a veces K, debes tener en cuenta que a veces la C es la versión latina de la palabra griega con una K. El nombre en griego se refiere a la carne comestible.

En nuestra forma de vida actual, el páncreas nos da creatina, que es energía. Este término se usó para explicar la molécula que se encuentra en el músculo de nuestro esqueleto que almacena nuestra energía. La energía viene del páncreas. ¿Y qué usaron los farmacéuticos en sus esteroides para hacernos tener más energía? La creatina química, que, amigos míos, arruinará totalmente tu cuerpo cuando se tome en exceso.

¿Porque es esto importante? Es importante porque nuestro conocimiento actual no es conocimiento nuevo. Se recuerda el conocimiento. Nos encarnamos con el conocimiento. Nuestra conciencia que vive en el inframundo llamada Matrix, es el conjunto de manos invisibles que creó nuestros cuerpos para que la conciencia pueda tener una experiencia física en la Tierra.

Debo decir lo que realmente creo aquí y ahora. Fuimos creados con la intención de ser creados. Nuestra existencia no es un accidente. ¿Quién nos creó? No Dios, mis amigos. No, dejamos a Dios, el todo, y porque teníamos deseos y necesidades separados como la primera conciencia que luego se divide en muchas partes. De la misma manera en que una célula viva se divide, creamos este mundo físico para que podamos nadar en el momento de la creación viviente. Se está abriendo para nuestro espíritu individual, llamado alma a deslizarse durante la etapa de reproducción de la vida en vida.

Dejamos a Dios, el todo. En esencia somos radicales libres para Dios. Y Dios está esperando que regresemos. Volveremos cuando no tengamos más deseos o necesidades. Cuando estamos de acuerdo en que lo mejor es vivir la dicha eterna de Dios. Lo que algunos llaman Nirvana.

Cuando caemos en nuestros cuerpos, es traumático, y pasamos hasta los cuarenta y cincuenta años de nuestra vida, recordando por qué nuestra conciencia individual deseaba encarnar. Pero antes del nacimiento físico, sabemos mucho. Nuestros actuales controladores del conocimiento del mundo borraron nuestra historia en su enseñanza a las masas. Entonces enseña su historia, no nuestra historia.

Pero la verdad está por descubrir. Solo hay que mirar. Y recuerde, la verdad desnuda lo liberará cuando lo use como la tarjeta para salir de la cárcel mental.

Nuestro páncreas se encuentra detrás del estómago. El páncreas produce enzimas para el estómago, insulina para la sangre y glucagón para mantener los niveles de insulina para la sangre.

¿Qué es la insulina? La insulina es la hormona que permite que nuestros cuerpos utilicen la energía en nuestro cuerpo, llamada glucosa. La glucosa proviene de nuestro cuerpo cuando ingerimos los productos creados en la tierra en lo que digerimos de lo que comemos o bebemos (ponemos en nuestras gargantas para digerir). Es el mecanismo que nos hace correr en forma de campeonato terrenal. La insulina, cuando está regulada, evita que el nivel de azúcar en nuestra sangre sea demasiado alto o demasiado bajo o equilibrado.

G. Estómago

El estómago tiene un papel muy importante pero fácil. El estómago recibe la comida de nuestro esófago y luego la envía en su camino al órgano ocho, nuestro intestino delgado. Lo que esta parte del cuerpo llamada estómago hace por nuestro traje de tanque de oxígeno del cuerpo de la tierra es descomponer los alimentos y mezclarlos con los jugos digestivos o nuestras enzimas compuestas internamente.

Es parte del motor que se debe equilibrar para que podamos operar en forma interna y externa de campeonato.

H. Intestino delgado

El Intestino delgado, que utiliza las enzimas (que algunos debo agregar ahora se llaman sustancias químicas) creadas por organismos vivos para hacer un trabajo biológico, para crearlas. No son farmacéuticos en túnicas blancas. ¿Qué trabajo? El trabajo es digerir la
comida. El intestino delgado también absorbe los nutrientes de los alimentos digeridos a través de un proceso llamado vellosidades, pequeñas protuberancias con forma de pelo que recubren el estómago. El uso de estas vellosidades alimenta los nutrientes a nuestra sangre.

Usando las contracciones musculares, el esqueleto restante del alimento original, ahora en nuevas formas, pero inútil para nuestros cuerpos, debe ser eliminado. ¿Cómo?

I. Intestino grueso

El intestino grueso se encuentra en nuestro abdomen. La comida ahora se digiere y se separa como agua o material que llamamos mierda. ¿Consíguelo? Aquí es donde obtenemos nuestros residuos separados y en el camino para dejar nuestro cuerpo.
Una vez que partió ayuda a otras creaciones de la madre tierra. Nuestro desperdicio en el cuerpo humano es orgánico y ayuda al círculo de la vida, que es la naturaleza.

El desperdicio que hacemos para cambiar la naturaleza no es orgánico y, de hecho, cuando se almacena, destruye el equilibrio actual de la naturaleza. ¿Por qué? Debido a que no es refinado, otras formas de vida pueden usar este exceso y se sienta, se sienta y ocupa espacio, a la espera de ser digerido y vuelto a su forma original.

La vida es alquimia, mis amigos. Todas las sustancias que componen los productos químicos de la vida se pueden convertir en las siguientes sustancias:

o Un gas de un líquido o sólido.
o Un sólido de un líquido o gas.
o Un líquido de un gas o un sólido.

Nosotros, como cultura blanca europea, permitimos que otros nos enseñen que somos una raza, redescubiertos y que vivimos esta verdad: industrializamos y cambiamos el equilibrio de la tierra para los pocos que manejan la humanidad solo. Con la industrialización de los combustibles fósiles, creamos escasez, en lugar de crear abundancia, al usar energía sin explotar que espera ser atacada para hacer del mundo un lugar mejor para todos.

La industrialización de los combustibles fósiles daña la vida. Destruye el equilibrio de la naturaleza de los muertos. No es para los otros que comparten la tierra con nosotros.

Mira de nuevo nuestra historia. Creamos máquinas de vapor para mover a los muertos. La revolución industrial comenzó con las máquinas de vapor. Las máquinas están hechas para que podamos convertir las sustancias en vapor, de modo que el material muerto pueda moverse por el camino del agua. Cuando convertimos a los muertos, estamos generando residuos: las balanzas de la Tierra toman un camino diferente.

J. Pulmones

El tanque de oxígeno que nos permite respirar este traje hecho para que podamos sobrevivir en la tierra. Protegida por los dos guardias de nuestro cuerpo, llamados cajas torácicas, esta máquina trabaja para equilibrar la naturaleza y nosotros. Toma el oxígeno que el mundo vegetal crea a partir de su fotosíntesis.

Nuestras respiraciones nos permiten operar la máquina del cuerpo físico externo e interno aquí en la tierra. No se nos enseña maneras de respirar. Nosotros reaccionamos. Cuando reaccionamos, respiramos por la boca. Ponemos oxígeno en nuestros pulmones.

Pero esa no es la forma en que siempre debemos respirar. Cuando un bebé comienza, el bebé usa su nariz para respirar. Al mismo tiempo que el bebé respira, el estómago del bebé se expandirá. Luego, cuando el bebé exhala, el bebé bombea su estómago hacia adentro. ¿Por qué? Esto hace circular la respiración por todo el cuerpo, no solo los pulmones. Todo nuestro sistema de órganos necesita oxígeno para respirar y operar para que podamos vivir en el mundo y en el mundo interno de mayor poder. El mundo tridimensional está realmente fuera de la matriz de la creación y la existencia eterna. Dejamos la matriz de la creación para tener existencia externa. Este es el mundo exterior.

Sistema (s) reproductivo (s).

¿Cómo continuamos la humanidad en el futuro? Bueno, nosotros reproducimos.

¿Cómo? Tenemos lo que llamamos sexo. Y para tener relaciones sexuales tenemos algún tipo de romance para que nuestros órganos sexuales funcionen.

Hombre y hombre con matriz. Las dos mitades de la conciencia Hu-Man que al final hace lo que hace todo organismo vivo. Nosotros reproducimos

Cuando nos reproducimos, creamos un nuevo ser físico como nosotros. Hecho de nuestro ADN combinado. El ADN es el plano de nuestros cuerpos. El ADN le dice al nuevo organismo vivo el traje que debe construir para nosotros. Este ADN elige si nuestro cuerpo tendrá una matriz o no.
Creo que elegimos a nuestros padres y elegimos nuestro sexo. No lo hacemos bien todo el tiempo. Creo que algunos de nosotros venimos a vivir para tener una experiencia femenina o masculina y terminar con el traje corporal equivocado. Más sobre esto más adelante. En este momento, me centraré en la creación física.

¿Cómo nos reproducimos? Nuestro cuerpo se combina en un juego donde usamos nuestros órganos para liberar las energías almacenadas dentro de nosotros que crearán un ser humano.

El cuerpo masculino tiene esperma. El esperma se almacena dentro del órgano reproductor masculino llamado testículo. Hasta que esté completamente desarrollado, el esperma se encuentra en la parte posterior de este órgano en un área llamada epidídimo.

El truco en nuestras vidas es evitar la tentación de vivir un estilo de vida imprudente. Te lastimara tanto a ti como a tu futuro potencial. Sepa lo que está haciendo. Conoce tu cuerpo. Es por eso que esta sección es la salida a las respuestas de mi insomnio espiritual.

Esto es de un sitio web Cubano sin nombre adjunto que estoy leyendo mientras estoy aquí en las Llaves de Cuba, 25 de junio de 2018. El día que mi hijo nació en la tierra de nuevo.

"Una vida sexual saludable es una parte muy importante de la vida para la mayoría de los hombres. La salud reproductiva de los hombres depende de la salud y del funcionamiento adecuado de los genitales externos, los órganos sexuales internos, el esperma, el semen y las hormonas sexuales masculinas. La salud sexual de los hombres también incluye la fertilidad. Puede suponer que las mujeres son en su mayoría responsables de la infertilidad, pero los problemas de salud de los hombres representan la mitad de todos los casos de infertilidad. Proteja su salud sexual y su fertilidad viviendo un estilo de vida saludable y evitando conductas de riesgo. Si nota dolor en el área de la ingle, tiene problemas para mantener o lograr una erección, o tiene problemas con la eyaculación, es posible que necesite hablar con su médico".

Ahora, ¿cómo nos reproducimos científicamente? Nuestro hombre sin matriz hace que nuestro pene juegue dentro de la vagina de la mujer, que estará húmeda con la emoción del deseo y caliente para cocinar nuestro pene en un mar de éxtasis personal para que liberemos nuestro esperma en este baile entre los dos sexos. El juego final es que el esperma atrapará el óvulo que sale del ovario de la mujer hacia su vagina.

Nosotros, como cultura blanca europea, permitimos que otros nos enseñen que somos una raza, redescubiertos y que vivimos esta verdad: industrializamos y cambiamos el equilibrio de la tierra para los pocos que manejan la humanidad solo. Con la industrialización de los combustibles fósiles, creamos escasez, en lugar de crear abundancia, al usar energía sin explotar que espera ser atacada para hacer del mundo un lugar mejor para todos.

La industrialización de los combustibles fósiles daña la vida. Destruye el equilibrio de la naturaleza de los muertos. No es para los otros que comparten la tierra con nosotros.

Mira de nuevo nuestra historia. Creamos máquinas de vapor para mover a los muertos. La revolución industrial comenzó con las máquinas de vapor.

Las máquinas están hechas para que podamos convertir las sustancias en vapor, de modo que el material muerto pueda moverse por el camino del agua. Cuando convertimos a los muertos, estamos generando residuos: las balanzas de la Tierra toman un camino diferente.

Conciencia: ¿Qué es la conciencia?

Es la conciencia. Es el conjunto de pensamientos y deseos colectivos, así como las necesidades, de los cuales somos miembros. Es donde empezamos y volvemos después de que nuestro cuerpo terrestre deja de funcionar como una unidad. Una unidad que nos permite vivir aquí en la tierra.

Hablamos del cuerpo; Ahora vamos a hacer un breve resumen de qué es exactamente la conciencia. Y sí, sobrevive a la muerte de la tierra.

¿A dónde vas desde aquí? Vuelves a la conciencia. O bien aceptas volver a unirte a Dios, o aún tienes problemas que resolverás en la matriz inferior como individuo hasta que lo hagas bien.
Sí, la matriz de la eternidad tiene un sistema de niveles. Me ocupo de esto en mi libro Conocimiento sagrado, una guía de Rock n Roller's para una mayor conciencia.

Para salir de los niveles, debes graduarte por no tener necesidades ni deseos. Solo el amor eterno y no correspondido de Dios por toda la eternidad y más. Recuerda, marcamos el tiempo como nuestros cuerpos físicos no viven para siempre.

Lo haces bien y asciendes en la escalera, cuando descubres que todas las necesidades y deseos de la conciencia son aprender que el único amor es Dios. Dios espera tu regreso.

Fácil de decir, pero ¿puedes dejarlo ir ahora? ¿Te dejaste ir antes, en tu última vida? ¿Dejarás ir esta vez? Esa es la decisión eterna.

Somos especies físicas que llamamos Hu-Man. Humano, de nuevo, una conciencia común que aterrizó en la tierra. O mejor dicho, cayó en tanques de oxígeno que en realidad son cuerpos terrestres. Estos cuerpos son como un "automóvil" con máquinas de computadora que mueven nuestras partes (cerebro) y se incorporan al más allá con nuestra propia máquina de radio de frecuencia privada (tercer ojo).

Todo el combustible para mantener nuestra máquina de la tierra en funcionamiento está aquí en la tierra. Nuestros cuerpos fueron hechos para ser biodegradables y viven aquí donde la tierra nos permite jugar con todas sus creaciones vivas, siempre y cuando permitamos que otros hagan lo mismo al no destruir el equilibrio de la tierra.

La tierra es una gran despensa equilibrada. La garantía limitada de la naturaleza sobre el cuerpo, al dar a nuestra conciencia la vida física, es de aproximadamente 108 años. Es limitado porque requiere que participemos en el cuidado del cuerpo. Tal vez, si realmente tuviste suerte con los elementos que no puedes controlar, con un máximo de 120 años.

Cuando dejamos nuestros cuerpos, la tierra hizo partes, ahora separadas de nuestra conciencia, permanecen y se descomponen. Nuestras partes de la tierra son veinte elementos. La separación permite que nuestros veinte elementos creados en la Tierra sean usados nuevamente. Todo lo que somos físicamente se queda aquí. No podemos llevarlo con nosotros. Pero podemos volver a ello cuando aprendamos los trucos de la encarnación.

Esos veinte elementos metálicos y no metálicos son los siguientes: Oxígeno, Hidrógeno, Carbono, Nitrógeno, Fósforo, Azufre, Calcio, Hierro, Yodo, Sodio, Potasio, Magnesio, Cobre, Cobalto, Flúor, Selenio, Manganeso, Molibdeno, Níquel y Cromo. El elemento 21 es el hogar de todos los veinte: la Madre Tierra.

Cuando tomamos nuestro último aliento, nuestra conciencia abandona esta dimensión y toma asiento en el coliseo de las almas del mundo astral. Almas individuales que buscan re reincorporarse a la conciencia en el espacio sagrado de la matriz de la existencia en su camino para reincorporarse a la conciencia colectiva. Perdemos nuestro EGO individual. Desde este punto, la última escalera es la escalera de casa. El hogar está de vuelta con Dios.

Como almas individuales dentro de esta matriz de creación, podemos elegir mantener nuestro EGO. No lo dejes ir. Podemos elegir encarnar de nuevo en una dimensión física, en algún lugar sobre el arco iris de la vida eterna.

En la dimensión más baja de la matriz eterna, damos vueltas buscando y creando un lugar para regresar y construir nuestros sueños físicos. Lo que yo llamo castillos en la arena que llamamos tierra, pero en realidad es una de las dimensiones físicas del cielo creadas para que las almas fugitivas confundidas vivan una vida física. En realidad, es una vida sin Dios en lo que se convierte en personas coches de choque que intentan descubrir cómo obtener paz y vivir la vida, eternamente.

En esta dimensión de matriz eterna, soñamos, pero también reflexionamos sobre lo que salió mal en nuestra vida pasada. Encontrarás tu pasado terrenal y te conectaras con tu futuro terrenal. Ya ves, nuestros sueños astrales no tienen límites. Tenemos necesidades y deseos individuales como alma. Y nuestros sueños son dirigidos y producidos por cada uno de nosotros como una entidad separada. Solo cuando nos damos cuenta de que un alma debe perder su ego, dejar de excluir a Dios, entonces, y solo entonces, entraremos en la corte superior de la vida eterna y comenzaremos el esfuerzo consciente para regresar a Dios.

No estamos separados, y eso es lo que significa la vida aquí en la tierra para permitirnos aprender en nuestro camino, llamado el camino de ladrillos amarillos.

Necesitamos un equipo para vivir un sueño y este equipo debe alinearse con las virtudes de Dios. El camino es realmente la luz de regreso a Dios. Dios lo es todo. Pero Dios también es eterno, y como dije, Dios vive en nuestros corazones. Nos vamos a ver al mago.

La vida individual es dos elementos. Uno es físico basado en la tierra; La otra es tus características individuales, conformando tu alma. Somos nosotros, como individuos, especiales, extraordinarios y extraordinarios y seres Hu-Man. ¿De qué está hecha nuestra alma? conciencia que al final hace lo que hace todo organismo vivo. Nosotros reproducimos

Cuando nos reproducimos, creamos un nuevo ser físico como nosotros. Hecho de nuestro ADN combinado. El ADN es el plano de nuestros cuerpos. El ADN le dice al nuevo organismo vivo el traje que debe construir para nosotros. Este ADN elige si nuestro cuerpo tendrá una matriz o no.

Creo que elegimos a nuestros padres y elegimos nuestro sexo. No lo hacemos bien todo el tiempo. Creo que algunos de nosotros venimos a vivir para tener una experiencia femenina o masculina y terminar con el traje corporal equivocado. Más sobre esto más adelante. En este momento, me centraré en la creación física.

¿Cómo nos reproducimos? Nuestro cuerpo se combina en un juego donde usamos nuestros órganos para liberar las energías almacenadas dentro de nosotros que crearán un ser humano.

El cuerpo masculino tiene esperma. El esperma se almacena dentro del órgano reproductor masculino llamado testículo. Hasta que esté completamente desarrollado, el esperma se encuentra en la parte posterior de este órgano en un área llamada epidídimo.

El truco en nuestras vidas es evitar la tentación de vivir un estilo de vida imprudente. Te lastimará tanto a ti como a tu futuro potencial. Sepa lo que está haciendo. Conoce tu cuerpo. Es por eso que esta sección es la salida a las respuestas de mi insomnio espiritual.

Esto es de un sitio web cubano sin nombre adjunto que estoy leyendo mientras estoy aquí en las Llaves de Cuba, 25 de junio de 2018. El día que mi hijo nació en la tierra de nuevo.

"Una vida sexual saludable es una parte muy importante de la vida para la mayoría de los hombres. La salud reproductiva de los hombres depende de la salud y del funcionamiento adecuado de los genitales externos, los órganos sexuales internos, el esperma, el semen y las hormonas sexuales masculinas. La salud sexual de los hombres también incluye la fertilidad. Puede suponer que las mujeres son en su mayoría responsables de la infertilidad, pero los problemas de salud de los hombres representan la mitad de los casos de infertilidad. Proteja su salud sexual y su fertilidad viviendo un estilo de vida saludable y evitando conductas de riesgo. Si nota dolor en el área de la ingle, tiene problemas para mantener o lograr una erección, o tiene problemas con la eyaculación, es posible que necesite hablar con su médico".

Ahora, ¿cómo nos reproducimos científicamente? Nuestro hombre sin matriz hace que nuestro pene juegue dentro de la vagina de la mujer, que estará húmeda con la emoción del deseo y caliente para cocinar nuestro pene en un mar de éxtasis personal para que liberemos nuestro esperma en este baile entre los dos sexos. El juego final es que el esperma atrapará el óvulo que sale del ovario de la mujer hacia su vagina.

La vagina es la apertura al mundo del útero. Es donde fertilizamos el futuro en este acto, lo llamamos sexo. Que se genera por calor para que el esperma y el óvulo liberado del ovario se combinen con el esperma y la explosión de una nueva vida.

La vida comienza en mi mente cuando la conciencia individual, a la que llamo alma, entra en el cuerpo y se convierte en el espíritu viviente de este nuevo traje corporal. Toma nueve meses terrestres para construir el traje la mayoría de las veces. Se necesitan quizás 16 años terrestres para entender cómo usar su nuevo traje de cuerpo.

Otros animales no tienen un ego personal como nosotros. Lo que significa que el instinto sabe cómo sobrevivir sin preguntar quién, qué o por qué.

Se necesita una eternidad para comprender por qué eliges hacer esto. Y lleva toda una vida aprender cómo debemos vivir juntos para que toda la humanidad y otros seres puedan disfrutar de este lugar en el espacio que llamamos la Tierra.

En resumen, comprenda que debemos aprender de nuestros cuerpos y comprenderlos. Esta es solo una oportunidad para que puedas explorar más todos los pensamientos que obtienes dentro de tu mente. Pensamientos desde más allá de nuestros cuerpos, así como desde su cerebro. Escucha, tu cuerpo te habla.

Es curioso cómo compramos computadoras (cerebros externos) y obtenemos un manual. Pero no se nos da un manual sobre cómo mantener la máquina de nuestro cuerpo en plena forma. En lugar de eso, los payasos de circo, llamados hombres de negocios, nos venden "aceites de serpiente" con la intención de sacar provecho de nuestros sueños de inmortalidad, y más.

Necesitamos honrar nuestro cuerpo, ese es nuestro lugar de adoración del alma. He aprendido esta verdad viviendo mi estilo de vida de piedra rodante de mi vida. No recogí musgo vivo. Sólo una riqueza de experiencia de los muchos deseos y necesidades del hombre. Y debo agregar - conocer a Dios.

Acabamos de discutir el cuerpo de la humanidad. Dos roles. Lo primero es doble, para ayudarte a vivir y para que nuestra especie continúe viviendo en este disfraz con los demás. El segundo rol es permitir que las plantas tengan la oportunidad de ser nuestros socios en esta experiencia llamada vida.

La vida debe dar y tomar. Recuerda, la vida tiene ambos roles, o no tienes vida. Tienes una máquina que dejará de funcionar.

Estas siete creaciones, realmente súper poderes, son de lo que trata tu alma. La energía vital que nos hace especiales y únicos, pero aparte de Dios. El problema es, ¿cómo usamos estos superpoderes en el juego de la vida?

1. Inteligencia. Todos lo tenemos. La pregunta es cómo lo usamos.
2. EGO. ¿Hemos eliminado a Dios? ¿Pensando solo en nosotros mismos?
3. Sentimiento: Nos sentimos. Pero, ¿sentimos qué?
4. La mente. Donde aprendemos a ser conscientes de nuestros sentidos comunicativos. ¿Cómo usamos este poder? ¿Para quién y por qué?
5. Conocimiento: ¿Qué hacemos con lo que aprendemos? ¿Y cuándo dejamos de aprender?
6. Acción: este es el juego de la creación; ¿Cómo hacemos pensamientos en realidad física?
7. La fuerza vital. Aquí es donde usamos la capacidad de crear y dar energía y vida a nuestras necesidades y

deseos. Dios nos creó para crear. Vivimos el amor hasta que creamos miedo y odio. Tenemos libre albedrío para hacer lo que queramos. Creamos este infierno viviente actual, cambiando el amor por miedo y odio. Sacando la luz a Dios con los picos gemelos de la oscuridad. Los dos, el miedo y el odio son los cánceres de la vida física.

Así que ahora tenemos nuestros cuerpos físicos. Nuestras almas individuales. Nuestra conciencia. Y Dios. Pero tenemos socios aquí en la tierra. Por lo tanto, vamos a conocer nuestra otra mitad. El mundo vegetal.

Plantas

Cuando nosotros, la humanidad, vemos un animal o una planta, los vemos como objetos. En nuestras mentes somos los sujetos. Entonces, nos consideramos los jefes. No somos.

Lecciones que no solo debemos aprender, sino aceptar y vivir como verdad. ¿Por qué? Porque debemos equilibrar la vida, pero nuestros deseos y necesidades en un nivel mucho más alto que la supervivencia física a corto plazo.

Los otros animales terrestres y las plantas pueden realmente vernos como un objeto. Sus mentes colectivas funcionan como las nuestras. Su pregunta es cómo puedo conseguir que esta criatura me ayude a mejorar mi vida aquí en la tierra. ¿Cómo vivo mejor y me reproduzco más? La pregunta que realmente debemos hacer es ¿Cómo coexistimos todos juntos? No solo cómo consigo más.

Si, me leiste bien. Porque estos otros seres vivos tienen una conciencia basada en la supervivencia física. Esa supervivencia significa el aquí y el ahora, y realmente escuchar esto, más mañana, con seres futuros como ellos.

Los perros aprendieron a amar al hombre. ¿Por qué? Los alimentamos y alojamos. Los amamos, y se convierten en nuestros bebés de cuatro patas. Pero por mucho que nos amen, les encanta ser alimentados. Entonces, se ponen lindos y hermosos y nos inducen a mantenerlos cómodos.

Las vacas nos alimentan. Las vacas nos visten. Al igual que otras especies animales. Porque lo hacen, los mantenemos vivos como grupo. Los animales domesticados nos eligen tanto como nosotros. Es por eso que domesticamos a esos y no a otros.

Es dualidad. Sujeto y objeto. Otros animales no domesticados, llamémosles los animales del desierto: elija a otros seres vivos para construir su mundo. Cuando venimos y destruimos el desierto, destruimos tantos otros mundos terrestres. Pero no nos importa. Esta actitud, mentalidad y estilo de vida es peligrosa. Debemos aprender, creer y vivir entendiendo que pronto la Tierra eliminará las sustancias que hacen que nuestros cuerpos funcionen. Necesitamos despertarnos.

Hacemos lo que necesitamos para controlar nuestras mentes y espíritus. Nos gusta dormir sin conciencia. No entendemos que hay algo más que nuestro mundo físico. Cada vez que nos acercamos a esta verdad, alguna organización, ya sea religión o "realeza hecha por el hombre" que controla nuestra moneda de mente y cuerpo, toma el control de nuestras mentes. Con este control de nuestras mentes, usando el miedo o la codicia, aquellos que controlan nuestras mentes nos hacen vivir en el miedo físico y detienen nuestra conciencia de comprender cómo debemos vivir.

Todos somos como perros, excepto que podemos alimentarnos, y podemos hacer un gobierno donde todos nos cuidemos unos a otros. Pero nos sometemos. Entonces, ¿qué hacemos para cambiar este paradigma creado por el hombre?

Compartiré mis visiones al final de este tomo. Solo quédate conmigo.

Vamos a llevarte a través de la conciencia de las plantas. ¿De quién son las almas, en su mayor parte, unidas con su conciencia como una unidad? Hay plantas fugitivas ya que hay animales fugitivos. Runaway es donde uno actúa por su propio bien, no por el bien del grupo. Los seres humanos son una especie fugitiva. Somos un cáncer para el equilibrio natural de la tierra. Y ese es nuestro crimen, porque sabemos mejor.

¿Cómo sobreviven las plantas? Una forma es simple. Nosotros, la humanidad y otros animales en el reino animal les ayudamos a hacerlo. Nosotros los elegimos. Que simple ¿Pero cómo los elegimos?

La segunda forma es que las plantas aprenden sus propias habilidades de supervivencia. Tienen una conciencia. Y las plantas nos eligen también. ¿Cómo? Bien, lean esto y luego tomen un momento y cierren los ojos y pregúntense si esto es cierto.

Pregúntense, ¿es esto realmente lo que hacen los seres vivos? Haz equipos para sobrevivir. ¿Cómo?

La respuesta mi amigo está soplando en el viento, y usted acaba de ver el viento de la verdad. Sígame por favor

¿Qué es una planta?

La creación es lo que hace nuestra conciencia. Los cuerpos son lo que elegimos para vivir físicamente. Antes de nuestros cuerpos animales, nuestra conciencia, que proviene de Dios, el único Dios de toda la creación, creó sustancias químicas de bloques de construcción. Estas sustancias químicas de bloques de construcción crearon sustancias materiales. Esta es la geometría sagrada. Construyendo cuerpos físicos para que podamos poner nuestra conciencia en esa máquina física.

La conciencia, cuando dejó a Dios, creó la primera máquina de energía. Esa energía son las estrellas de cinco puntas del Universo. La estrella se llama el sol de su universo.
Y adivinen qué, los animales que estamos de pie sobre nuestras piernas y tenemos dos manos, con una cabeza, somos una réplica de las estrellas de cinco puntos. Por eso se dice que fuimos creados a imagen de Dios. La

estrella de la energía que dirige el universo en el que vives se llama hijo de Dios.

El Dios del sol, que llamamos sol, dio la energía para traer los bloques de construcción, que llamamos células, la energía para dar vida a las máquinas que estas células estaban creando. Que simple

Sí, estamos viviendo un gran sueño. Fuimos diseñados con intención; Mientras creamos la teoría del big bang de la creación sin fin, la vida continuará. Entonces, ¿la evolución real, al proteger el vehículo que alberga la creación, a nuestros trajes de cuerpo vivo, y hacer que funcione mejor en el que vivimos? La pregunta que enfrenta la humanidad es mientras nos recreamos, destruiremos las sustancias orgánicas relacionadas que permiten Vivir y soñar una experiencia física.

Hay esa mano invisible que crea, y esta mano como dos opciones:

1.Siga utilizando el equilibrio de las cosas para convertirnos en el mejor perro físico de la tierra tomando y no manteniendo o preservando lo que nos dio los cuerpos físicos que habitamos en esta experiencia de vida.

2. Mantener el equilibrio y mantener vivo este juego. No podemos hacer ambas cosas y nosotros, como conciencia, tenemos que descubrir qué es la tierra para permanecer. Pronto lo destruiremos para que nuestros cuerpos continúen.

Recibimos sus mensajes y representamos el papel que jugamos. ¿Hacemos lo que hacen otros animales y protegemos solo nuestro hábitat? ¿O hacemos lo que vinimos a la vida para hacer? Ese es el juego más alto. Ese juego es mantener esta tierra el cielo por todo lo que puede ser. El equilibrio es la respuesta.

Las plantas son tan importantes. Y como me gusta decir, son tan, tan necesarios. Pero elegimos no entender esa verdad. Las plantas crean la abundancia de oxígeno que permite que nuestros cuerpos jueguen, y nuestros cuerpos crean la abundancia de carbono que permite que las plantas hagan lo suyo.

Y las plantas también tienen conciencia. Realmente lo hacen. Estamos escuchando las vibraciones inauditas de los pensamientos colectivos de la planta. Las plantas son objetos y nos manipulan de la misma manera que nosotros los manipulamos. Manipulamos para existir y multiplicarse. También las plantas.

Las plantas tienen al menos cuatro técnicas, según he aprendido, para que las difundamos. Los cuatro tratan de tocar nuestros deseos y necesidades como cuerdas. La energía de las plantas toca nuestras cuerdas, y hacemos lo que nos dicen emocionalmente. Multiplicamos esa especie de planta particular.

¿Cómo lo preguntas?

¿Cómo usa el hombre las plantas para hacer mejor a la humanidad? Nos alimenta. Nos muestran la belleza de Dios. También nos intoxica. Las plantas nos controlan. Como una mujer puede, y lo hace, controlarnos a los hombres.

Una planta tiene sabor. Una planta tiene olor. Una planta puede intoxicarnos y también crear conciencia para descubrir los productos químicos orgánicos que forman la planta y la flor. El problema que realmente no deseamos entender es que estos químicos tienen una fuerza vital. Nuestros intentos de duplicarlos deben obtener una fuerza vital dentro de los compuestos para que realmente funcione en nosotros. La fuerza vital es lo que necesitamos. Definamos estos químicos como orgánicos, hechos de y por seres vivos (para clarificación, los orgánicos son hechos por la naturaleza). No químicos, que no pueden recibir y use una fuerza vital, o como dice la Iglesia Católica, el Espíritu Santo.

Sin la fuerza vital, no me importa lo que te diga cualquier científico o experto comprado en la empresa; el uso de esos productos químicos no será digerido por su cuerpo durante su vida. Y causará daño en tu cuerpo a medida que continúes creciendo y viviendo las estaciones; Tu cuerpo fue creado para tener fuerza vital desde el nacimiento hasta la muerte terrenal.

Si estás cerca del final, lo que llamamos muerte, está bien, toma lo que necesites para aliviar tu dolor. Pero decir que las plantas tienen las mismas curas que las farmacias te venden, si no, ¿qué estás permitiendo que la sociedad te haga? Cállate y haz que te conformes, es la verdad.

Las plantas también deben protegerse en la jungla equilibrada de la vida de otros seres. La planta produce pociones químicas que nos matarán. Una planta de la que nos alimentamos, como una papa, o una que fumamos para "relajarnos", como el tabaco, puede matarnos. Y una planta tiene la belleza que necesitamos para decorar nuestro propio mundo interior o exterior. Las plantas nos consiguieron domesticarlos. Al igual que los animales lo hicieron. Pensamos que se trata de que no veamos, mientras que también se trata de ellos.

Una de las primeras estafas bancarias de la "Era moderna del mundo imperialista europeo" fue la explosión del bulbo de Tulipán de finales de los años 1500 y principios de 1600 en lo que hoy llamamos los Países Bajos. Entonces todavía era parte de España y un miembro del Sacro Imperio Romano de los gobernantes locales auto-ungidos de la sociedad local.

La gente apostaba a través de un "Mercado de acciones de banca organizada" en futuros. El futuro era qué color de tulipán obtendrían de las semillas que estaban comprando del distribuidor organizado de este juego de ruleta. Un precursor del futuro mercado de valores de hoy.

El ganador fue aquel cuyas semillas se convirtieron en un tulipán negro. Las semillas no estaban predeterminadas, hasta donde sabemos, era una comida común. El hombre del comerciante consiguió su dinero y su cuota de distribución. Su propia estupidez huyó a la gente. Nunca apuestes lo que no puedes permitirte perder. Siempre apueste a sí mismo, sepa eso y siga adelante.

Pasemos al cannabis; Examinemos la nueva moda de los Estados Unidos. ¿Cuál es la nueva moda de esta flor? ¿Es para la salud, para permitir la riqueza real, o para que la riqueza de unos pocos se reproduzca haciendo de la planta un experimento químico en nuestros cuerpos? El capitalismo contra la humanidad.

Entonces, el cannabis, también conocido como olla / marihuana, tiene dos usos potenciales. Un propósito es ayudar a nuestro sistema nervioso a relajarse.
El propósito dos es intoxicar nuestras mentes con la mente de la planta y hacernos improductivos para el mundo capital del trabajo, el trabajo y más trabajo. En la mente de la planta, invitamos a la conciencia de la planta a unirse a nuestra alma individual y volver a ser parte de la naturaleza colectiva, no individual.
En un mundo capitalista de control, permitimos que las drogas alteren nuestra conciencia en la sociedad siempre y cuando la droga no nos impida trabajar para otros. Si el medicamento te permite ver verdades sobre ti mismo, los "poderes que existen" quieren que su uso esté prohibido: ES ESO SIMPLE. No estoy diciendo que esté bien, solo estoy diciendo lo que es. Usted no es productivo para nuestra sociedad controladora del consumismo y la deuda mientras está alto en cannabis. A menos que la sociedad te venda el Cannabis y controle el crecimiento de la flor.

Entonces, vayamos a las drogas como el alcohol, que cambia su disposición y puede hacer que pierda el control físico. Pero puedes dormir y trabajar para otros al día siguiente. Además, no equilibras tu naturaleza, puramente excluyes a Dios. ¿Por qué? Porque no eres un jugador de equipo, la vida es todo acerca de ti.

Esto necesita cambiar. Necesitamos educar a todos sobre qué sustancias afectan nuestro equilibrio de mente, cuerpo y alma. Fuera de balance, cambiamos y nos convertimos en animales en una búsqueda de miedos y un camino de muerte, todo para salvar nuestro comportamiento desequilibrado.

Debemos aprender a usar la tierra para mejorar nuestras vidas, y eso significa mantenerla viva, para prosperar con el equilibrio de los productos químicos que forman la tierra. Volveré a esto, pero por el momento, tengo ganas de volverte loca con la verdadera belleza que he aprendido; que las plantas tienen una canción que nos dan a cada uno de nosotros de conciencia superior, que llaman espíritus y nos muestran cosas. ¿Por qué?. Porque estamos abiertos a recibir la enseñanza. Aquí hay mucho de lo que he visto en mis viajes que apuntan a la matriz de la conciencia.

Una buena manera de entender esta matriz de conciencia es verla como una colmena. Dentro de estas colmenas se encuentra todo el conocimiento de la humanidad, y mucho más. Hay ancianos a los que podemos llamar para que nos guíen a través de este conocimiento con conciencia que yo llamo sabiduría. Podemos llegar a esta colmena utilizando nuestras antenas, al igual que las abejas, cuando entran en su colmena para obtener el conocimiento de lo que deben hacer y adónde deben ir.

Nuestras antenas eternas están detrás de nuestro tercer ojo. Es donde se encuentra la glándula pineal. La glándula que produce la melatonina. Una hormona que afecta la modulación de los momentos de vigilia y nuestro tiempo de sueño. Un tiempo para ser y un tiempo para ser. La glándula también modera los patrones de rotación de nuestra tierra estacional para que podamos ajustarnos y sobrevivir el nuevo comienzo y el final de la última temporada.

Sí, creo que las abejas hacen esto en la vida física. Y sí creo que hacemos esto en nuestra vida actual usando nuestras herramientas alrededor de este tercer ojo eterno.

Veo las plantas como pinturas vivas hechas por Dios. Las plantas nos cantan. Las plantas envían vibraciones que las aves, las abejas y los insectos, así como otras vidas, pueden escuchar.

Vemos las plantas. Podemos oler el perfume de las plantas. Podemos degustar sus regalos que producen los llamados frutos. Podemos escuchar las vibraciones cuando aprendemos a escuchar el viento. Podemos poseerlos y sus flores por un tiempo. O simplemente podemos admirar las pinturas que son.

Podemos observar el rocío goteando de sus hojas. Podemos capturar este rocío que algunos hacen en el actual Yemen o Egipto y llamarlo incienso. Este rocío capturado fue uno de los tres regalos, se nos dice, que fue llevado a Jesús, en su nacimiento, por los tres reyes. Los otros regalos, mirra de una planta y energía almacenada en oro de la tierra hace millones de años.

Seguramente sabemos lo que puede hacer el oro, ya que brilla e intoxica a muchos tontos. Estudia al Rey Midas, que tenía el toque dorado. Midas tuvo que suplicar ser liberado del deseo que Zeus le otorgó para sobrevivir de nuevo en la tierra. No puedes sobrevivir con oro. Puede decir : hey mírame. Pero el oro no tiene vibraciones, excepto el brillo que hace que muchos humanos vendan su alma para poseer el metal.

Cuidado con el poder del oro. Vendemos nuestras almas por los sueños que se nos dice que existen al poseer oro.

¿Por qué el oro?

El oro se puede derretir. Los Hebreos hicieron esto en el segundo templo. El oro se vaporiza como un gas y luego se convierte en un líquido que se endurece y se convierte en una sustancia blanca similar al polvo llamada maná en la Biblia. Se dijo que el maná, en las escuelas sagradas de antaño, para abrir el tercer ojo. Se dijo que el incienso ayudaba al tercer ojo a ver cuando ibas allí en alguna forma de meditación. La Mirra se usó de forma mística, usando la energía de la planta para curar las heridas de la tierra. Se aplicó a Jesús cuando lo sacaron de la cruz: vivo, debo agregar. Pero esa historia no debe ser contada aquí y ahora. Más tarde, mis amigos, o buscan en o en Internet, o lo encuentran en una biblioteca.

En público, el Vaticano enseña que estos poderes místicos no existen. Pero en realidad, definitivamente creen en estos poderes. Es su conocimiento secreto.

Sentirme, verme, olerme y saborearme. Los pensamientos que las plantas envían nuestro camino, en esencia, por telepatía.

Las plantas también te advierten lejos. ¿Cómo? Las plantas con sus espinas nos advierten de no tocar, solo admirar. Para esas plantas no son para que nuestros cuerpos internos y nuestros órganos consuman probando o tocando o incluso oliendo.

Las plantas, como una canción, activan nuestros recuerdos de otros tiempos. Es posible que te recuerden ese primer beso. La vez que despertaste y viste los labios que tenías que besar. Buscando el amor para desarrollarse.

Las plantas pueden recordar la última vez que tuviste ese beso. Las plantas te recordarán, a través del olfato y el gusto, los tiempos pasados. No te recordarán los tiempos por venir, ya que esos tiempos no han sido creados. Pero una planta puede hacerte soñar.

No hay destino. La vida es una obra que vivimos y escribimos cuando recordamos. Para vivir la vida, que es un presente, debes vivir en el momento.

Para mí, la humanidad son las plantas y las abejas. Una mujer es un hombre con una matriz. El hombre solo no sobreviviría; Es decir, hasta que todos seamos niños en tubo de ensayo. Un bebé de probeta, crecido fuera del útero no es la humanidad. Vivir sin existencia orgánica. En realidad, una máquina traída a la tierra con un recuerdo, pero ninguna de las siete características de la humanidad dedicada a crear y aprender amor y odio. Tubo de ensayo es sin amor. Creo que necesitas la conexión física de la matriz para obtener el esperma del hombre, en el momento en que la magia te da esa chispa de vida.

La chispa de la vida sucede, y el esperma y el óvulo se combinan para dar vida a otra alma y disfrutar de la vida aquí en la tierra. La matriz es realmente la conexión tridimensional a la matriz invisible de la existencia. Este momento de nacimiento se crea cuando la chispa quema la matriz invisible de la existencia en un espacio vacío, para que el alma pueda renacer de nuevo.

Dar una buena acogida.

Ahora una mujer, como una planta, nos seducirá a los hombres para que nos enamoremos de ellos. Lo hacen con belleza. Lo hacen creando deseo. Lo hacen con frutos de oreja que llaman nuestra atención, llamados joyas. Lo hacen con el maquillaje y la ropa, todo hecho para atraer al macho, para que esta especie pueda continuar. El huevo de la vida, la vida de la humanidad, se almacena en el cuerpo de la mujer. Cuando se pone en movimiento para bajar por el pasillo de la humanidad futura, en el momento adecuado del mes, es cuando el olor de la mujer es más fuerte. La mujer le pregunta al hombre en su vida: Préstame atención y ámame, haz lo que podamos para hacer nuestra canción juntos, ahora mismo, con la experiencia física del amor y, desafortunadamente, a veces solo la intención del sexo.

Dije antes cómo las plantas no humanas nos controlan. Bueno, lo hacen al convertirse en formas de vida predecibles de los alimentos que comemos para mantener nuestros cuerpos en movimiento. Nuestros cuerpos, que producen la energía y el desperdicio, tanto lo que necesitamos, como la tierra, salen de nuestras máquinas vivientes y avanzan.
Pero nuestro mundo corporativo capitalista de alquileres y consumos para este mundo material requiere previsibilidad y estabilidad. No es alimento para nuestro crecimiento y desarrollo. Nota; Nuestro mundo requiere una garantía de suministro de alimentos en nuestra jungla urbana, no en las tierras del paraíso de la naturaleza.

Permitimos a nuestros pocos que de alguna manera manejan y controlan nuestro sistema de reglas y orden para crear organismos genéticamente modificados (OGM), también conocidos como alimentos, por lo que la producción de alimentos es predecible. Un negocio para las ganancias de papel, en oposición al beneficio de la vida de las comunidades. Y con el conocimiento de esos pocos, no es realmente lo que Dios quería que comiéramos. La combinación de productos químicos creados en el laboratorio que cambian los ritmos orgánicos naturales y las rimas del equilibrio de nuestro cuerpo nos hace no ser lo que se supone que somos. Pero, nos hace predecibles y confiables en la perpetuación de la droga en la que se ha convertido nuestra comida aquí en Estados Unidos y en todo el mundo.

Para mantener la producción de la granja consistente, de lo que no se trata la naturaleza, cambiamos las semillas por la mano física del hombre, no Dios, para no permitir que los sustitutos de alimentos no orgánicos sobrevivan a pesar de no tener la capacidad de reproducirse de sus semillas o sus recursos naturales. Polen.

Nuestra comida también se hace con productos químicos llamados pesticidas para detener las plagas, que equilibran nuestra tierra. Entonces, este nuevo alimento se nos vende sin pensar realmente en lo que le sucede a nuestros cuerpos durante toda la vida, no solo un año. Cambiamos el equilibrio que la naturaleza tomó toda su existencia hasta este punto ahora, para crear para que vivamos en el cuerpo que somos.

Si el plan de juego de la conciencia superior es usarnos, como lo hicieron los castores, cuando sus colas hicieron represas y cambiaron la cascada local, entonces prepárense para un mundo diferente y una humanidad diferente. Porque estamos matando nuestra existencia física equilibrada.

Nosotros, como raza, tenemos que descubrir nuestro propósito. ¿Es para cambiar el mundo en que vivimos, y si es así, para quién? O es para mantener al mundo como lo es para que nuestros herederos disfruten y jueguen. Esto se reduce a nuestro contrato social entre nosotros sobre cómo somos para todos vivir en la tierra.
Esto se reduce a lo que llamamos Gobierno.
Y mis amigos, ahora que los acompañé a través del trasfondo de la humanidad y la tierra, ahora me dirigiré a responder las preguntas planteadas al principio. ¿Quiénes somos y qué hacemos aquí? De nuevo, todo se reduce al contrato social entre nosotros.

Contrato social entre la humanidad.

La conciencia comunitaria.

¿Comunidad?

Fuimos creados para socializar. Cada uno de nosotros es una isla individual que debe combinarse socialmente para sobrevivir a la vida en la tierra. Para socializar, debemos tener una conciencia moral y justa que cree reglas y regulaciones que se adapten al clima y proporcionen igualdad y reglas equitativas para todos los seres vivos. No solo las reglas y regulaciones para perpetuar la existencia de los pocos que de alguna manera crearon el mundo que ahora desean mantener vivo. Para mantener su sistema en marcha a pesar de nuestro aprendizaje y conocimiento que crece y puede continuar evolucionando para hacer el mundo mejor para todos.

Los Británicos intentaron hacer esto con su sistema de ley común. Ese sistema era para el hombre común. También tenían tribunales para la realeza. Reglas para la realeza y su iglesia. Personas privilegiadas.

Ese sistema se lanzó cuando la imprenta se hizo cargo y las personas pudieron educar en masa y crear leyes para perpetuar el sistema de vida de quienes tienen el control de la propiedad y sus necesidades para vivir la vida aquí en la tierra.

Ley: Dos lados de esta palabra. La equidad es para las personas. La ley estatutaria es para los propietarios primero. Que simple

Las reglas y regulaciones se combinan en lo que yo llamo gobiernos. Necesitamos un gobierno de la única tribu llamada humanidad. Y necesitamos un gobierno que represente a las muchas tribus que el hombre crea en regiones geográficas para vivir allí en la tierra. Cada tribu no es realmente nada más que un equipo para jugar el juego de la vida con y para la era en que se creó la tribu.

El equipo no es más que una parte de la liga de la vida. Una liga de la humanidad que cada equipo tribal debe poner primero para que la liga sobreviva.

¿Cuál es el propósito de cualquier forma de gobierno?

Bueno, es simplemente el orden social con el que las personas acuerdan vivir para brindarse salud, riqueza y seguridad mutuas.

Nosotros en los Estados Unidos tenemos dos intenciones declaradas. Una es nuestra Declaración de Independencia. El segundo es nuestra actual Constitución de la ley y orden de 1789 aquí en los Estados Unidos. ¿La diferencia? Debemos darnos vida y libertad según lo establecido; pero, ¿protegemos la propiedad de las personas primero o les brindamos a cada uno de los miembros que contribuyen y se unen a nuestras sociedades la oportunidad de perseguir sus sueños cuando estén listos?

Aquí es donde el capitalismo, que perpetúa el cobro de intereses y el comportamiento de recaudación de rentas, difiere de los empresarios en contacto con Dios y la naturaleza. Los empresarios son visionarios que ayudan a mejorar la vida de todos mediante la creación de un verdadero orden social vivo. Ninguno de los vampiros capitalistas que se alimentan y viven de sus zombis que esperan luchar por las migajas que los vampiros les dejan. El capitalismo requiere que acumules lo que es, lo que significa que debes disponer a los que lo tienen ahora. El capitalismo es un sistema de escasez, no de abundancia. La vida es abundancia. El purgatorio es la escasez.

Aquí en los Estados Unidos tenemos una agencia gubernamental de alimentos y medicamentos. Esta agencia está a cargo de los alimentos que comemos y de los medicamentos que podemos recetar. ¿Prescrito para crecer y prosperar o simplemente sobrevivir? Gran diferencia. ¿Y de dónde vienen estos administradores? Provienen de escuelas propiedad de y están controladas por la división de arrendatarios de primera línea de terceros banqueros privados que desean solo perpetuar su feudo. O las corporaciones que necesitan que se apruebe su nuevo aceite de serpiente sin demostrar que no hace daño a la tierra. No, tenemos que demostrar sin una prueba de tiempo que está mal.

¿Qué significa esto? Las escuelas que te enseñan esta es la única manera. Su camino. Tan equivocado. En realidad, poseen la distribución del conocimiento de las personas, se llama nuestro sistema escolar, y si alguien sale de la nada, como Facebook, el sistema bancario lo inducirá a unirse para que puedan comprar su esencia. Hazte parte de su sistema. Pero no me pueden comprar. Estas son las lecciones de mi vida, que como explorador del mundo y de todas las personas, ahora comparto con ustedes.

Caso en punto. Como dije en esta última sección, ¿cómo perpetuamos nuestra especie? Es al tener un óvulo sano dentro del hombre con un útero sano, lo que llamamos mujeres y tener un esperma sano que fertiliza el óvulo sano.

Al cambiar el equilibrio de la tierra, cambiamos los órganos reproductivos, los huevos y el esperma que producen esos órganos para perpetuar nuestra especie. Nadie presta atención a este detalle.

No hay nada malo con la experimentación para mejorar la vida.

Pero no hay nada más que mal cuando aprendemos que lo que creamos hiere a nuestra especie, así como a otras criaturas vivientes, y con este conocimiento, ocultamos la verdad, porque cambiaría la riqueza de nuestros controladores.

Un caso de muchos que ahora voy a discutir. Macho y esperma. Cuando hacemos el amor físico entre un hombre y una mujer, el hombre libera esperma que nada a su tierra soñada, llamada huevo de la mujer. Millones de aspirantes a humanos nadan y solo uno gana. Ganaste. Entonces, deja de ser la víctima y juguemos el juego de la vida en equipo, y termina este control de los pocos que te convencieron de que son mejores que tú.

Para encarnarte, necesitas nadar rápido y saber a dónde vas. Usted ganó esa carrera para ser usted ahora. Esta verdad está cambiando a medida que nuestro entorno ha cambiado. La pregunta es; ¿Tiene cada esperma una conciencia? ¿Es aquí donde nos escondemos antes de reencarnar en forma de cuerpo completo? O nos encarnamos en el momento en que los fuegos artificiales chocan, cuando el esperma y el óvulo se combinan como uno solo. Este momento mágico. Elijo este último.

El esperma tiene una cabeza y una cola. Un renacuajo, si quieres, para visualizar. Hoy en día, muchos machos están haciendo esperma con dos cabezas o dos colas. Los científicos, un término que usamos a la ligera, lo saben, y usted también debe hacerlo. Muchos, y diré que no todos, trabajan y repiten lo que les pagará. Como los medios de comunicación, solo repiten lo que sus anunciantes desean que otros conozcan. Para saber, seducirte para comprar productos para su beneficio individual, en su mayor parte.

Estos espermatozoides y óvulos están cambiando genéticamente por el hombre: los químicos ahora están diseñados, lo que está causando deformidad en nuestra evolución. Es decir, antes de que lleguemos al hecho de que muchos hombres tienen menos esperma hoy que los hombres de ayer. Este es un costo enorme para nuestro contrato social de vivir aquí en la tierra. A la calidad así como a las consecuencias económicas de la moneda. Las monedas económicas se definen como lo que nos mueve, en oposición a las existentes.

¿Qué está causando este cambio de esperma, así como el cambio de huevo? Hay un culpable común en los estudios humanos y en los animales: si miras, verás. El culpable es un químico de laboratorio que nuestros científicos denominan disruptores endocrinos.

¿Qué es un disruptor endocrino? Son sustancias químicas que pueden interferir con los sistemas hormonales en ciertas dosis. Estas interrupciones pueden causar tumores, defectos de nacimiento y otros trastornos del desarrollo, a los que llegaré en un minuto.

¿Cómo se crean estos productos químicos? Bueno, se crean cuando la humanidad fábrica plásticos. Se crean cuando fabricamos cosméticos, muebles y pesticidas.
 Pesticidas que terminan en todos los alimentos que comemos, ya sean animales o vegetales, o frutas o semillas. Verdad.

La nueva hormona, de evolución hecha por el hombre, cambia el mapa de ADN de nuestro cuerpo, así como el ARN del útero. Este nuevo mapa puede causar en aquellos que viven una nueva perspectiva de la vida. Una tan simple como no saber cuál es tu verdadero sexo. Y en el recién nacido, estas sustancias químicas perturbadoras endocrinas imitan a las hormonas y confunden el proceso en el que la mente no se casa con el cuerpo, y un cuerpo físico masculino puede heredar una mente femenina y viceversa.

Lo siguiente es lo que el espíritu me ha hecho entender. Cuando nuestra conciencia individual decide volver a caer en un cuerpo y tener una experiencia de vida física, elegimos donde comenzamos este nuevo viaje. Elegimos a nuestros padres, elegimos nuestra ubicación. Cuando elegimos, ya sabemos que queremos una experiencia femenina o masculina. Cuando elegimos el huevo, creyendo una cosa de nuestras vidas pasadas, cuando nos ponemos nuestros trajes corporales, estos nuevos productos químicos hechos por el hombre cambian el huevo, y es demasiado tarde para nosotros. Ahora tenemos que vivir con esta nueva creación física, el traje de cuerpo equivocado de la vida aquí en la tierra.

Por favor, sepa esta verdad, sin importar la religión que la etiqueta de la existencia de sus padres en el momento de su nacimiento, no nacimos en pecado. Nacimos para resolver nuestras necesidades y deseos. Por eso no podemos simplemente ser. Caímos en nuestros cuerpos para descubrir la vida y, como nuestra declaración de independencia, buscar la felicidad.

Necesitamos un orden social de personas que trabajen juntas para construir una tierra que viva con el único Dios. Que Dios nosotros los hebreos elijamos seguir. El Dios de nuestra creación. El dios o Dios de las tres religiones de oriente medio. No las religiones hechas por el hombre que dicen que Dios nos eligió, por lo tanto, haremos leyes para nuestra sociedad. Entonces ahora que Dios está muerto, te haremos hacer lo que pensamos que Dios quería que hicieras.

Dios está vivo y nosotros somos hijos de Dios: para construir un Dios que honra a todo el mundo, no pedimos perdón mientras matamos y destruimos este cielo que Dios nos dio. Nacimos libres, como dice la canción. Tenemos libre albedrío. No hay pre-destino escrito. Esta es la película personal de Dios para ver lo que hacemos cuando nos liberamos del amor incondicional de Dios.

Y conocer esta verdad. No nos dieron permiso para matar ni mutilar. No, no estábamos. Y como si fuéramos, necesitamos otro juego para jugar.

El contrato social del siglo XXI entre Dios y la humanidad: todos los gobiernos deben vivir con el presente y no ser dictadores del mundo pasado. Debemos adaptarnos, por lo que ahora les daré el gobierno del mundo de hoy. Pero primero responde esta pregunta.

¿Qué es un gobierno?

Una pregunta fácil para que muchos la respondan, así que simplemente pongamos las respuestas fáciles.

Un gobierno es el sistema creado por el hombre que establece y administra la "política pública" y luego ejerce el poder ejecutivo, político y soberano a través de las costumbres que vivió la humanidad, así como las instituciones que la humanidad creó, con las leyes que el estado escribió o siguió oralmente. Un gobierno tiene muchas formas. Algunos de los más familiares a nuestra escuela de educación actual son los gobiernos que llamamos democracia, república, monarquía, aristocracia y dictaduras. Y la religión es también un gobierno. Por favor conoce esa verdad.

¿Cuál es el significado del público escrito arriba? Significa una comunidad de personas. Un gobierno en esencia se convierte en el vehículo hecho por el hombre que gobierna una comunidad de personas grandes o pequeñas.

Regresemos un poco y veamos cómo el hombre hizo el mundo en el que vivimos actualmente. ¿Cuáles fueron las primeras entradas del juego de la vida en el planeta tierra, como lo conocemos?

Bueno, comenzó con uno o dos pensamientos. La única energía dividida en dos mitades iguales. Dios me ha dicho que nuestra historia, no una historia hecha por el hombre, que llamamos historia, comenzó con un pensamiento.

Un primer pensamiento, tanto, como de Dios. Hoy, lo llamamos la explosión que desencadenó la teoría de Big Bang. Fue un pedo, un gas que salió y puso en movimiento la explosión que llamamos la creación de la vida. Veo que comenzó como un pensamiento. Entonces, nosotros como conciencia, seguimos dividiendonos, como una célula fugitiva. Ahora somos demasiadas partes, cada una luchando entre sí hasta el punto en que hemos perdido nuestra esencia, no solo nuestras almas. Necesita detenerse.

El mejor ejemplo son los nietos de la reina Victoria. Tres malos monstruos. Creían que tenían el permiso de Dios para matar y mutilar. Los tres eran el rey de Gran Bretaña, el Kaiser de Alemania y el Zar de Rusia. Estos tres primos primos tenían una disputa familiar que llamamos Primera Guerra Mundial. Esta disputa mató o causó la muerte de cincuenta millones de personas en los primeros veinte años del siglo XX. Además, todas las tonterías están sucediendo hoy debido a esta endogamia WASPs.

La historia de la creación

Como lo que creó, el mito original de Satanás ilustra; Una parte de Dios, a quien las diversas religiones llaman Satanás, el ángel caído, le dijo a Dios: "¿Qué pasaría si creara una forma de tener hijos y les diera un patio de recreo físico para vivir y experimentar la vida física? ¿Dónde la creación puede tocarse y sentirse mutuamente, así como ver el traje físico de esa dimensión que crearé? La descendencia, a la que llamó hijos que crearé, necesitará energía para moverse. Esto, lo llamaré luz. Con la luz, deben tener habilidades motoras, para que puedan moverse y asegurarse de obtener la energía de la luz para moverse y crecer. Entonces, ¿qué voy a crear?

Dios dijo: "¿Qué tal si creo una existencia física que solo pueda sentarse y fluir en el viento y el sol? Pero para que la creación funcione, primero debo crear sustancias químicas orgánicas, o bloques de construcción que con la luz cobran vida ". Hoy llamamos a esta energía Espíritu Santo: la fuerza vital.

Satanás dijo que quiero más. "¿Qué tal esto? Les daré a estos niños una conciencia y les permitiré co-crear conmigo ". La creación evolucionará los pensamientos de Dios en un mundo físico que el pensamiento crea. Y las creaciones escuchan y se convierten en co-creadores con Dios. A medida que la conciencia crecía en este espacio físico creado, algunos simplemente se quedaron donde estaban como plantas. Otros necesitan movimiento y así comienza la vida de los primeros Piscis, los peces y las criaturas marinas; Luego los animales que podían caminar en tierra y respirar el aire. La evolución de los pensamientos invisibles enseñó a los animales a convertirse en mamíferos. La evolución enseñó a la creación cómo reproducirse, cómo seguir creciendo y, finalmente, cómo usar los siete pensamientos de nuestras almas dentro de un cuerpo sobre el que escribí antes.

La Biblia cuenta la historia de la creación en Génesis. Pero la versión actual dice que ocurrió en siete días. ¿Pero de quién son esos siete días? No de la tierra, como no había tierra. Y que es un día, Un día que definimos como el tiempo que tarda este planeta en circular alrededor de la fuerza solar o energética. No todos los días son 24 horas terrestres.

¿Qué tal si miramos la Biblia y vemos el libro de Génesis como siete momentos de creación? Una ópera del amor de Dios. La creación es amor. La vida es creación y no le pondremos cara. Dios es todo y todo es más que una máscara que llamamos cara.

Ponle una cara, trata de poseerlo y luego la creación se despide, y te conviertes en una sustancia que desea vivir solo en el pasado. Entonces eres un recuerdo de la conciencia que corre hacia atrás. Al vivir, creas recuerdos para atesorarlos para siempre en el mundo no físico. El inframundo, al que me refiero como la matriz, es a donde todos regresamos cuando nuestros cuerpos terrestres mueren físicamente.

Nosotros no morimos. Aquí vivimos nuestro mundo y volvemos a descubrir qué es lo próximo. Explico esto en detalle en mi libro "Conocimiento sagrado: una guía de Rock N Rollers para una mayor conciencia".

Recuerda que antes del mundo que existe ahora, todo era nuevo y no había sido probado. Entonces, la vida en la tierra es un movimiento musical de jazz que no se detiene. De sonidos que se convierten en luz y luego toman formas físicas dictadas por lo que quiere nuestra conciencia.

El humano puede ser la conciencia superior actual en la tierra. O tal vez no. Los delfines también son bastante espirituales. El co-creador que sigue creando y permitiendo que otras conciencias vivan en un espacio mucho más predecible. Pero sepan que no somos Dios. Somos de Dios, pero no somos Dios, y Dios es nuestro padre, y es a Dios a quien debemos vivir y respetar. No puedes mentirle a Dios, pues todo lo que te conviertes es un Pinocho. Dios quiere hijos vivos, no títeres en las cuerdas de otras bestias vivas. Cuando vivamos, y con la verdad, tendrás el amor de Dios en movimiento contigo.

Los siete días de la creación de nuestro universo se tradujeron en siete momentos separados en el tiempo.

La obertura: el día comienza. La primera pista es aquella en la que Dios crea la luz, que Dios creó mediante el pensamiento desde el vacío que rodea a los Dioses Nirvana.

Nirvana es existencia en un estado cero. El pensamiento es donde comienza la luz. Las explosiones de segundos pensamientos crearon jugadores que crean la matriz que se traduce en un plano de la realidad física.

¡Verdad! La Teoría del Big Bang de la creación comenzó. Y esta explosión de la creación aún continúa en la actualidad, creando nuevos mundos y universos y formas de vida en un espacio verdaderamente infinito. Pensamientos espaciales creados a partir de los agujeros negros del vacío.

Amanecer: Pista dos: Dios crea el universo que vemos. Esto es lo que la Biblia llama el firmamento. Llamamos a este cielo, pero estamos engañados y pensamos que el cielo está en otra parte, cuando el cielo de la biblia se refiere a la creación del aire que respiramos y le damos una fuerza gravitacional (GF). Un GF diseñado para que el aire permanezca debajo de la tierra y sobre la tierra, creando el arco de la tierra, la tierra, los mares, así como los censores de la fuerza de la luz solar, para que podamos convertirnos en la vida con la fuerza energética del sol.

Cuando era un hombre joven volando la Concordia, vi este diseño. Era tan hermoso, y yo solía escuchar esto, es de toda la vida terrenal. El hombre debe proteger este escudo y la tierra y los mares de abajo, o la vida, como ustedes la conocen, terminará. No entendí entonces como lo hago ahora.

Ya ves que soy adicta a la vida y al movimiento. Usé la música para ser mi alfombra mágica para llevarme por todo el mundo. El conocimiento y la vida como lo hice me dieron la sabiduría para intentar abrir los ojos de la humanidad. Este libro se está escribiendo porque amo a Dios, y amo todas las creaciones de Dios, y si no respiramos y enseñamos verdades eternas: la ley de Dios, todos dejaremos de existir en esta dimensión. Y entonces, Dios tendrá que crear un nuevo cielo para que los hijos de Dios jueguen y aprendan amor en todos los aspectos de la creación y la perpetuación, así como la destrucción.

Todo lo que quiero es poder aprender a jugar el juego de la vida con amor y compartir el amor que tengo. Me encanta la vida. No importa lo que me hayan repartido las cartas. He aprendido a sobrevivir.

La mañana: Tres vías: Dios crea aquí en la tierra la tierra y el mar. Y luego Dios crea la vegetación que respira los químicos del carbono ahora con vida dentro del neutrón. Después de inhalar el carbono y cambiar el compuesto, la planta libera / exhala aire para continuar el juego de la creación. Ahora hay un exceso de oxígeno, que se convierte en el bloque de construcción para otras formas de vida.

Dios creó cada árbol y planta y de acuerdo con la conciencia que encarna con la fuerza vital para ser esa planta. Entonces Dios creó la capacidad de reproducirse por sí mismos, para que no mueran cuando la fuerza vital abandona el cuerpo, la conciencia vive en forma física.

Mediodía de medio día: pista cuatro. Con la luz en lo alto, este cuarto movimiento es donde Dios crea las formas físicas que nos dan el medio ambiente en la tierra para convertirnos en más de lo que somos actualmente, viviendo en el Jardín del Edén de la planta. Esas sustancias, que también giran alrededor de nuestro sol, ahora con la gravedad que las mantiene en sus nuevas formas, son los nombres de los días de nuestra semana.

Entonces, déjame compartir este conocimiento contigo. ¿Por qué? Porque estas formas físicas fueron creadas en este movimiento. Y en nuestro pasado, las escuelas se crearon para enseñar la creación, y esas escuelas enseñaron por qué los siete objetos fueron creados por Dios para ayudarnos a vivir y prosperar en la matriz física, pero no eterna, que llamamos la tierra, nuestro hogar físico.

El domingo lleva el nombre de la luz que nos da la fuerza energética. Esa luz es lo que llamamos el sol. Esta estrella es la energía solar de Dios. La gente llama a esta energía Zeus, Ra o Jesús.

Dios creó la luna que llamamos lunes. La luna está ahí para evitar que la tierra reciba demasiado sol que cegará la vida y nos consumirá. Dios creó los planetas y las lunas para rotar entre sí para que hubiera luz y oscuridad durante cada rotación del material alrededor del sol. Nuestra luna refleja el sol y nos enseña a reflejar y utilizar la luz que tenemos correctamente. No para matarnos unos a otros, y ser el mayor acosador de nuestro planeta y Universo, sino compartir nuestro conocimiento y usar nuestra sabiduría para mantener viva la creación para nuestro padre, Dios, y honrar a nuestra madre Tierra es la matriz / matriz de nuestras vidas en forma física

El martes lleva el nombre de Marte, que fue creado a partir del hierro que necesitamos para hacer nuestro trabajo de sangre. Nos da la fuerza para movernos y no caer en la fuerza de la gravedad.

El miércoles lleva el nombre de Mercurio. El planeta / corredor que está más cerca del sol (hijo), nuestra energía. Y Mercurio en el conocimiento sagrado te traerá el mensaje.

Júpiter es el jueves. El signo del conocimiento. El planeta que crea un espacio para todos los productos químicos orgánicos para sentarse y esconderse en forma de gas y líquido, conocidas como las lunas de Júpiter.

Viernes es lo que llamamos la estrella de la mañana o de la tarde, Venus. Nosotros en la tierra podemos verlo a veces en el cielo de la mañana, y otras veces en el cielo de la tarde. La estrella-planeta que se creó para que pudiéramos ver la belleza de la estrella en la mañana del día. Al mirar esta estrella, podríamos entender los peligros del deseo cuando la estrella-planeta aparece en nuestra vista en diferentes momentos de la noche.

La mayor masa gravitacional en nuestro universo es Saturno. El planeta más sabio: aquí viven todas las semillas de la creación química. Tiene la mayor fuerza gravitatoria en nuestro universo. Las Lunas de Saturno son arco iris de gases y líquidos que realmente se parecen a los siete colores del arco iris. "Un montón de sietes en la creación", te oigo decir. Sí hay. Recuerde, tenemos siete ruedas dentro de nuestro cuerpo físico que hacen que nuestro cuerpo funcione. Esas ruedas se llaman Chakras y, cuando están equilibradas, emiten los colores del arco iris, siendo el rojo uno y el púrpura siete. Llamamos a esas vibraciones luces aura.

Saturno, en las escuelas sagradas de entrenamiento durante lo que nuestras escuelas actuales llaman "tiempo prehistórico", se cambió a Satanás. Satanás se convirtió en la fuerza oscura que mantenía a la conciencia apresada en una profunda densidad, por lo que la humanidad se olvida de que el hombre vive tanto en el mundo físico como en el espiritual. Satanás es la gravedad. Una gravedad que te encierra en un espacio físico.

Luego nos olvidamos de Dios y hacemos que los dioses humanos ganen y controlen nuestros pensamientos de la vida. Para que podamos poseer lo físico.

El diablo, a diferencia de Satanás en estas escuelas sagradas, era el deseo. Si el deseo no estuviera marcado, harías cosas que Dios no quería que hicieras. Venus, la estrella de la tarde, se convirtió en el planeta del deseo, representado por el diablo. Y el nombre de Venus viene porque durante el día, ella era amor, sexo y fertilidad. Pero demasiado amor se convierte en deseo, y el diablo se hace cargo. ¿Consíguelo?

Las escuelas sagradas en los tiempos tempranos de la Tierra enseñaban estas verdades. Llamamos al mundo prehistórico, es decir, antes de la historia escrita, porque aquellos que tienen el control quieren que creas en su forma de poseer nuestros pensamientos y mentes, así es como Dios lo quería. Nuestros antepasados adoraban la naturaleza. Adoraban diferentes energías de Dios, sabiendo que todos se suman a Dios. Hoy se nos enseña que esto es paganismo, y respetar la tierra es un error. Es nuestra madre Amigos míos, esta es la era de la información y ese juego habrá terminado. Ahora voy a seguir.

La tarde es movimiento cinco. Hay dos partes a la noche. La primera parte es cuando el sol se pone. La tierra cambia. Y con esta oscuridad, parte dos comienza. Dios creó océanos que se mueven al movimiento de la luna. Y

Dios, durante la puesta de sol, llenó los siete mares con animales y el aire con pájaros.

Luego el movimiento seis, que es ahora la tarde de la composición de la creación de la tierra. Y en este universo, Dios creó la tierra y los animales, y la Biblia ahora dice que Dios creó al hombre a la imagen de Dios. No es lo que la Biblia se suponía que debía decir. Originalmente dicho; Dios creó al hombre con la mano de la arena y le dio al hombre aliento para vivir en esta forma superior aquí en la tierra. Somos la única creación de las manos y el aliento de Dios.

Les dije antes cómo y por qué el hombre torció la estrella de cinco puntas para que fuera Dios, y que nosotros creamos cinco puntos para parecernos a Dios. Todas mentiras.

Y Dios solo desea que amemos a Dios, no que lo adoremos. Sean hijos de Dios y acepten ese hecho. No jugar a Dios y tomar el control. Haga reglas que no sean del cielo y cree mentiras, diciendo que Dios le dijo a usted y a su tripulación que se hicieran cargo. Algunos de nosotros hablamos con Dios, y aquellos que realmente conocen a Dios, saben que Dios le dice a usted, con una pequeña y sentida voz de corazón, que ame y enseñe a la humanidad, y que comparta y asuma la responsabilidad de lo que usted hace aquí en la tierra.

Por cierto, lo que acabo de decir se puede encontrar en los Rollos del Mar Muerto y fue parte de la Biblia antes de que el libro fuera reescrito. Aparece en la Biblia Hebrea, que no es la Biblia judía. Existe una gran diferencia. Un Hebreo elige a Dios. Es un movimiento presente, activo. No termina, solo crece. Un Judío cree que Dios los escogió. Gran diferencia.

El movimiento final es la noche. Cuando se le pide a la creación que descanse, reflexiona y averigua qué es lo siguiente.

La noche, o la hora de dormir, es cuando nuestra conciencia deja nuestros cuerpos con una retención metafísica, llamada cuerda atada, para que podamos regresar y vivir la vida física. Recuerda, estamos encerrados dentro del cuerpo hasta que nos liberemos de esa creación. Liberado, debo agregar, cuando el corazón se detiene. La batería de la vida física.

Cuando dormimos, son nuestros cuerpos los que se recargan, y nuestra conciencia sueña una vez más, como si fuera a tiempo completo cuando "morimos" aquí en la tierra. Ahí es cuando volvemos a la matriz de la creación.

Esto es lo que creo. Dios, el todo, no nos creó. Dios, el sol lo hizo. Y todos somos y todos somos del mismo equipo. El equipo de Hu-Man. La humanidad aquí en la tierra.

La conciencia del hijo / Sol de Dios.

Comunidad

Digo esto porque ahora debemos examinar cómo Team Human, desde la conciencia, debe vivir aquí en la tierra. ¿Cómo hacemos del mundo un lugar para que todos puedan alcanzar la felicidad, tal como se prometió en la Declaración de Independencia de las colonias británicas?

Un pensamiento reducido a la escritura por uno de mis espíritus favoritos ahora, Thomas Jefferson. Probablemente la mayor declaración escrita por la humanidad. En ella se encuentra el mensaje de vida comunal e individual.

Debemos construir comunidades que enseñen y preparen a todos para tener vida, libertad y poder perseguir objetivos individuales y crear felicidad. Y Jefferson, como todos nosotros, era un hombre de contradicción, ya que era dueño de la vida de las personas, así como de todos sus espermatozoides y huevos. Jefferson sabía que esto estaba mal.

¿Dónde nos desviamos de la humanidad y nos convertimos en un perro rabioso y rabioso? Ya no es un miembro del paquete. ¿Cuándo nos convertimos en yo, yo, yo? ¿Ya no nosotras y yo?

Nuestra Constitución de 1788 torció el mensaje. El cambio ya no era el gobierno de Dios. La búsqueda de la felicidad se cambió para proteger la propiedad primero. Cuya propiedad? La propiedad de los pueblos o del individuo. ¿Y quién entonces y allí podría ser dueño de la propiedad?

¿Qué es la propiedad? Todo este concepto en evolución; tenemos que redefinirlo para 2018. Y lo haré, a medida que avancemos.

Escucho a Jefferson en mi corazón decirme que escribió El sueño de la creación, pero él y sus compañeros de conspiración en el Imperio Británico, y para nosotros, nuestros padres fundadores no estaban listos para vivir el sueño. Una sociedad, no lista para vivir con las verdaderas creencias igualitarias, se interpuso en el camino. La gente no estaba lista. Había demasiados pensamientos de lavado de cerebro de las religiones y los gobiernos.

Estos, en esencia, eran la clase blanca europea, mezclada con esclavos e indios nativos, y mujeres sin derechos. La pregunta es: ¿Qué aprendieron estos colonos sobre la construcción de una nueva tierra? Los WASPs (protestantes anglosajones blancos) los llamaron salvajes. Crear una comunidad de iguales, con un mundo de igualdad absoluta de oportunidades para todos los que desean participar en su comunidad, no fue para ellos. No para ellos era equidad para todos.

Entonces, ¿qué pasa entonces? ¿Qué hicimos en 1787-88?

Comenzamos la edición de nuestra conciencia viva. Creamos una constitución que permitía a nuestra nación vivir y trabajar con otras naciones, poniendo a los dueños de propiedades y propiedades frente a otros. Construimos el mismo orden europeo del que dijimos que no queríamos formar parte. Teníamos dueños de esclavos manejando una tierra para obtener su libertad de un rey y un papa. No dar libertad a toda la humanidad.

Salimos de construir un nuevo orden mundial.

Personalmente me encanta el béisbol, y para entender el juego, debes saber lo que sucedió en las entradas antes que tú. Por eso es tan importante que me sigas mientras te sigo por el camino de los recuerdos.

¿Cómo llegamos a donde estamos ahora como nación? ¿Y qué mensaje le damos al mundo? América es un juego, y para entender quiénes somos, debemos saber de qué venimos. Entonces se necesita historia, con juicio, pero sin convicción. Debemos entender cómo el mantra de la Declaración se torció en una guerra entre los que no tienen por los estatutos. Reglas hechas por el hombre, protegiendo a los pocos, a expensas de todos. Teníamos una Carta de Derechos que garantizaba los derechos políticos. Pero no existía, y sigue existiendo, ninguna declaración de derechos económica que garantice la salud, el bienestar y la seguridad para crecer y prosperar en un país que vive con Dios.

La promesa de que esta nación sería un mundo de igualdad quedó en suspenso, y volvimos a unirnos al orden mundial de material bancario y religioso, y a Dios en la próxima vida. De hecho, escribimos la esclavitud en nuestra constitución y sacamos a las mujeres como iguales.

A la mayoría no le importaba, ya que los que vivían tenían que cultivar sus tierras y sembrar tierras para poder alimentar a sus familias. Pero las cosas cambian, y hemos pasado por algunos estilos de vida diferentes.

Pasamos por la Revolución Industrial, donde aprendimos a jugar alquimia con seres vivos y cambiar gas a líquido o sólidos, y sólidos a gas o líquidos, y líquidos a gas o sólidos. Construimos un nuevo mundo y las personas con este nuevo orden obtuvieron nuevos empleos ministeriales y, a medida que las cosas avanzaron y las máquinas se hicieron cargo, perdimos esos empleos y propósitos.

Nuestra nación entonces se basó en la versión WASPs del Cristianismo. Entonces, volvamos a la mentalidad de aquellos que viven en 1788 y cómo adoraban al dios hecho por el hombre de aquellos tiempos.

Recuerde, puede sacar la religión del gobierno, porque la religión es una orden hecha por el hombre. No puedes remover a Dios, ya que todos somos parte del único Dios. Somos los pensamientos de Dios en forma viva, física e independiente.

Entonces, si creemos que estamos haciendo lo que Dios quiere que hagamos, entonces revisemos la Biblia y sus Reglas.

Los Diez Mandamientos:

¿Nuestro primer gobierno de iguales?

Estos Mandamientos fueron dados para construir una comunidad de iguales viviendo en lo que se llamó el Levante. En la Biblia, se nos dice cómo crear un mundo de comunidad viva que honre a Dios. Se nos dice que vivamos de acuerdo con estos Mandamientos, que eran aplicables a los Hebreos. Siendo ellos los que escogieron a Dios.

Pero ahora debo compartir lo que era un Hebreo entonces. El Hebreo, era su palabra para las personas que vivían en Egipto. Estas personas pensaron que eran las únicas personas. No conocían el mundo que existía. Ellos sabían su mundo viviente.

No había gente Egipcia, como se llamaban a sí mismos Hebreos. Los Hebreos tenían un sistema de castas de clase. Moisés, el personaje vivo, huyó con los Hebreos, robando el oro a los dueños de esclavos, mientras los esclavos huían para crear un nuevo mundo basado en un solo Dios. El Dios de todos. En Egipto, todos trabajaban para los sacerdotes que controlaban la vida, y tenían a su títere Faraón como gobernante de su casa.

La gente de la tribu de Abraham también elige a Dios, dijeron. No querían vivir y ser dominados por todos los Dioses menores de los "Egipcios" gobernantes, así como por otras potencias del Cercano Oriente. Deseaban construir una tierra basada en la igualdad.¿ Cuál igualdad?

Recuerda que habían personas que ya vivían en la tierra que hoy llamamos Israel. Entonces, Moisés y su pueblo invadieron y tomaron la tierra de aquellos que no eligieron a su Dios, el Dios Hebreo.

Esto es importante. La Tierra Prometida, ellos creían en que toda la humanidad, entonces llamada Hebreos por los Hebreos, viviría en paz y armonía con el único Dios como su brújula moral. Los Diez Mandamientos fueron la luz guía.

Nadie fue excluido en el espacio de Tierra Prometida. Toda tierra es el espacio de Dios. Todos los humanos deben aprender a vivir juntos y en armonía acordada.
Ahora escucho mientras escribo

"Se prometió todo el espacio a la humanidad que creé con mis manos y mi aliento para vivir como mis hijos y construir un cielo físico vivo. No autoricé a nadie a tomar y poseer nada por sí mismos. Autoricé a la humanidad a compartir y construir, no para mí, sino para mí. Sé feliz compartiendo, hijos míos, y estaré tan feliz que te hayas dado cuenta de todo ".

Acabo de canalizar eso.

Si es posible, echemos un vistazo a estos diez bloques de construcción para crear una sociedad para que todos podamos tener las promesas de comunidad. Un equipo de la comunidad de la humanidad que crea su gobierno para ser:

1. Para la gente.
2. De la gente
3. Por el pueblo

Una comunidad donde todos podemos vivir la vida con igualdad que les brinda a cada uno la oportunidad de alcanzar su felicidad basada en una verdadera justicia viva para todos.

Recuerde, Dios es todos los colores de nuestro arco iris, y debemos proteger y permitir que cada color de la humanidad y toda vida vivan, con igualdad de oportunidades, su sueño individual. Es decir, y esto es lo más importante, siempre y cuando participen en compartir la tierra.

El primer Mandamiento que nos dijeron fue el siguiente: No tendrás dioses ajenos delante de mí. Siento que esto fue una respuesta a lo que los humanos estábamos haciendo, haciendo dioses hechos por el hombre, viviendo la vida mammon. Regalar realmente nuestra energía viviente a esas ilusiones de dioses en lugar de compartir nuestra energía con la vida aquí en la tierra.

Por favor recuerde lo siguiente:

Nosotros, los Hebreos, elegimos a Dios.
Dios no nos eligió a nadie más.
Dios nos creó a todos, por lo que somos TODOS los hijos de Dios.

El Segundo Mandamiento: No harás ídolos. Significa que nadie es mejor que tú. No entregues tu poder a nadie. Vive tu vida y compártela. Una vez, mi vida se hizo haciendo dioses falsos. Sabía lo que estaba haciendo, pero me criaron creyendo que es un ser vivo. Estaba equivocado.

Esas experiencias de vida me formaron. Déjame ser quien soy. Sin estas experiencias, no tendría la sabiduría de buscar la verdad y compartirla con ustedes. No odio a nadie con quien haya entrado en contacto. Incluso la persona llamada "Lean", que creó la tormenta que se llevó la vida de mi hijo. Yo, una vez más, me animé a crear una imagen de un ser humano mejor que otros. Pagué por mis juegos. Extraño mucho a mi hijo, pero Dios me dice: "Verás a Barron lo suficientemente pronto, y por la eternidad. Vive y haz lo que estás haciendo. Es tu camino. Sobreviviste. Por favor, ayude a otros a prosperar compartiendo la vida que vivió y las lecciones que aprendió ".

El tercer Mandamiento: No tomarás el nombre de Jehová, tu Dios, en vano. ¿Qué significa vano en esta oración? Señor es el jefe, entonces, ¿qué es vano? Bueno, vano significa que tomas el objeto, que puedes ser tú o algo más, y tienes una apariencia excesivamente alta de ese objeto.

Aquí en la tierra, no somos sustantivos, como se nos enseña, somos verbos. Estamos vivos, y como seres vivos, somos acción y movimiento. Así es Dios. Dios no está muerto y cuando crecemos, también lo hace Dios. Porque tenemos libre albedrío para vivir la vida, y eso es lo que nuestro Señor nos dio a todos. No debemos hacer que nuestro Dios sea el Dios que nos instruye, como individuos, sobre qué decir y hacer que otros hagan en su camino individual hacia la felicidad. En el camino colectivo, debemos recordar que somos solo una gota de lluvia en el mar de la conciencia y debemos honrar a toda la creación de Dios, no solo a nosotros mismos.

El cuarto Mandamiento: recuerda el día de reposo para santificarlo. Aquí, esto tenía sentido en aquel entonces. Fue un medio para lograr que la comunidad de "agricultores" se reuniera en una "iglesia" para que la comunidad de todos pueda compartir la información que aprendieron de Occidente, Norte, Este y Sur. La verdadera cruz espiritual de la humanidad con la iglesia era realmente un centro comunitario, en el centro de la comunidad, como una cruz positiva, no para matar a otros.

La palabra Hebrea para Santo es Qodesh. Esta palabra significa apartamiento, sacralidad. Entonces, lo que se nos dice que hagamos es separar el tiempo en lo que llamaron el sábado para estar con Dios. Dios está en todos nuestros corazones. Escucha tu corazón y escucharás el ritmo de los tambores de Dios. Deja que tu antena en tu cerebro traiga las vibraciones del espíritu superior en ti. Pero para escuchar a Dios, escucha el latido de tu corazón, y más allá de esos tambores está la voz. Escúchalo, y luego la voz, y oirás a Dios hablarte.

Aprendí esto de la manera difícil. Luchando contra esta verdad. Vivir la vida y engañar a las personas para que crean en los artistas con los que trabajé, o en la película en la que estaba trabajando, tenía las respuestas para tu vida futura. La verdad es que TÚ tienes las respuestas. Nadie más tiene la propiedad exclusiva. Leí la autobiografía de Yoginama y releí la parte interminable de cómo él se encuentra con Dios cuando el espíritu del Yogui me dio instrucciones. ¿Por qué? Así que finalmente pude encontrarme con Dios y conocer a Dios. Funcionó y ahora comparto esta verdad con todos ustedes.

El quinto Mandamiento: Honra a tu madre y a tu padre. Observe cómo se escribe la madre primero. Pero tenemos dos madres. La primera es nuestra madre individual. Porque son estos humanos, hombres con matriz, los que nos llevan a la vida física aquí en la tierra. Incluso para ellos mismos. Debemos protegerlos para que puedan tener hijos, ya que los niños son realmente los únicos bienes que pertenecen al hombre. El resto de los activos de la tierra que debemos compartir. Y debemos honrar a nuestros co-creadores, como lo hacemos a Dios, nuestro creador. Pero dicho esto, debemos recordar que nuestra madre física y nuestro padre deben respetarnos. Pero la verdad es que esta cláusula significa mucho más y llegaré a ella muy pronto.

El sexto Mandamiento: No matarás. Y el asesinato es lo que hacemos. Creamos dioses hechos por el hombre, damos a esos dioses hechos por el hombre una religión, su propio deporte, una violación del primer y segundo mandamiento, y decimos que nuestro nuevo Dios quiere que matemos. Creamos países que dicen que vivimos bajo Dios y Dios dice que está bien matar. Dios nunca, nunca, dijo eso, o usó esos pensamientos. Esos pensamientos son energía oscura que la luz debe quitar de sus cabezas. Incluso hacemos que otros lo crean y lo vivan. Esto debe parar. ¿Y por qué matamos? Para robar material. Así que creamos un mundo separado de Dios, y decimos que nuestro Dios hecho por el hombre, hecho a nuestra imagen, dice que la guerra para beneficio personal está justificada. Esta es la adoración de Mammon.

El séptimo Mandamiento: No cometerás adulterio. Cierto. ¿Por qué alguien? Tenga en cuenta que uno que engaña a otros también lo engañará a usted. Aprendí esta verdad de la manera más difícil. Alguien con quien estuve cerca era la amante de alguien que estaba muy casada y mintió. Me presenté como un héroe y no entendí la letra de una de mis canciones favoritas de Beach Boys, "Here Today".

"No seas la amante de nadie, si esa fiesta no puede vivir en la verdad, entonces ¿por qué convivir con ellos?"

Esto es lo que creo que significa el mandamiento. Podemos divorciarnos y seguir adelante, pero vivir una mentira para obtener más y hacer trampa, y no vivir en la verdad de otras personas a quienes juramos lealtad y también debemos a la transparencia, es un comportamiento incorrecto.

El Octavo Mandamiento: No robarás. Dios te está mirando. Y a pesar de todas sus leyes hechas por el hombre, tomar lo que no es suyo está mal. Robar es cuando tomas algo que sabes que no es tuyo. No es tomar lo que crees que es tuyo. Gran diferencia. Aquí es donde las leyes creadas por el hombre deben aplicarse para decidir quién tiene un derecho de vida mayor para poseer. Pero solo tomar porque quieres está mal, y la sociedad debe detener este pensamiento errante. Hay mucho para todos. Todos pueden ser su propio rey aquí en el cielo, siempre y cuando aprendan a compartir con otros.

Hoy en día, la política exterior de los Estados Unidos es dictada por terceros banqueros privados, y lo que pueden tomar usando a los militares de Estados Unidos como su fuerza. Algo parecido a lo que hizo el Vaticano con sus conquistadores españoles. Esos santos guerreros vinieron a robar y destruir el conocimiento y las culturas de aquellos que vivían allí y en el hemisferio occidental. Realmente reescribiendo la experiencia de vida del hombre y haciéndola su historia. No es la historia completa de la humanidad. ¿Consíguelo?

El Noveno Mandamiento: No darás falso testimonio contra tu prójimo. En esencia no debes mentir. Somos hijos de Dios, no de Pinocho. En el mundo de hoy, tenemos un sistema que es todo mentira. Solo mira tus contratos con los bancos. Mira tus ofertas con tus empresas de electrodomésticos. Su seguro.,tus políticos que prometen una cosa y mienten por tu voto. ¿Por qué el electorado nunca hemos demandado a un político por incumplimiento de contrato? ¿Por qué no responsabilizamos a nadie? Somos levantados para mentir y debemos detenernos, o seremos detenidos. Nos mataremos los unos a los otros.

El Décimo Mandamiento: No codiciarás. Este es tan importante y permite que se cree el espíritu empresarial, pero te hace cuestionar dónde a las personas que dicen que son cristianos se les ocurrió el juego llamado capitalismo bancario.

¿Qué es la codicia? Mi comprensión es la siguiente: "desear erróneamente, excesivamente, o sin el debido respeto por los derechos de los demás". El mejor ejemplo es, en esencia, toda la filosofía subyacente de la política exterior imperial Británica-Estadounidense actual.

Robamos y deseamos los materiales que otras naciones tienen bajo su tierra. Nuestro sistema realmente se basa en acumular recursos para beneficio privado al despojar a otros que viven en la tierra, de esos recursos.

Estos recursos físicos y materiales que la naturaleza enterró por una razón son lo que los controladores de nuestra sociedad ahora desean sacar a la superficie y liberar en el aire. Esa liberación en el aire continuará cambiando toda la composición del equilibrio en la tierra que permite a las especies de hoy, no solo al hombre, vivir y sobrevivir, así como prosperar en nuestro camino hacia la felicidad

La felicidad, como individuo y como miembro de una familia, una comunidad, una ciudad, una ciudad, un condado, un estado, una nación, un continente, un mundo de la vida que debe compartir el mundo. Debemos enseñar y hacer que estos pocos comprendan, con las consecuencias adjuntas, que ningún Dios real que vive dice tomar de esta área, ya que son salvajes y no necesitan, y usted puede tener más. Esto está mal, y necesitamos escuchar las reglas de Dios.

En los Diez Mandamientos que fueron dados por Dios, el único Dios de los Hebreos, nos dio ocho reglas de lo que no debemos hacer para construir comunidades de la arena. Dios también nos dio dos mandamientos en cuanto a lo que debemos hacer.

Y tenga en cuenta que todas las tres religiones del Medio Oriente, el Judaísmo, el Cristianismo y el Islam, comienzan como Hebreos, con Abraham. Pero al igual que la reina Victoria en el Reino Unido, cuyos nietos como gobernantes en tres países comenzaron la Primera Guerra Mundial, los nietos de Abraham querían la propiedad y el control, por lo que los nietos crearon nuevas versiones de un solo Dios.

Una vez más, repito, los nietos y otras generaciones de Abraham vinieron y querían a su propio Dios, por lo que la biblia original se convirtió en tres biblias, enseñando que nuestro Dios es mejor que el suyo. Conducta muy enferma y distorsionada. Dios nos dio libre albedrío. No hay destino. Dios nos creó para ver lo que harán los hijos de Dios.

Entonces, para resumir, estas son las faltas de Dios. Cuando cometemos una de estas agresiones, una falta, tenemos una puntuación contra nuestras almas, así como la esencia de la humanidad. Uno, todos debemos aprender las razones por las que lo hicimos, así que cuando las circunstancias vuelvan a suceder. Parte dos, no cometemos la misma falta.

Recapitulando lo anterior. Los ocho no son:

1. No tendrás dioses ajenos delante de mí.
2. No harás ídolos.
3. No tomarás el nombre del Señor, tu Dios, en vano.
4. No matarás.
5. No cometerás adulterio.
6. No robarás.
7. No hablarás contra tu prójimo falso testimonio.
8. No codiciarás.

Imagínese si honramos esas reglas básicas del deporte de la vida como Dios desea. Qué maravilloso será este mundo.

Escucha dos canciones si puedes. El primero es "Creo" y el segundo es "What a Wonderful World". Inspiración y atemporal. El arte es la clave para seguir construyendo y nos movemos. Pero cuando cambiamos la naturaleza con nuestro arte, debemos revisar y ver constantemente lo que los cambios han hecho en nuestro campo de juego. Nuestro campo de juego es de tres niveles; nuestro sótano, que está bajo tierra, nuestro nivel del suelo, y nuestro ático, el cielo. Necesita mantenerse equilibrado.

Para hacer esto, hay dos mandamientos que requieren que hagas algo. Esos dos son:

1. Honra a tu madre y padre.
2. Recuerda el día de reposo para santificarlo.

Invierto el orden porque en este siglo 21, lo que realmente significa, es que debemos respetar a los que hicieron nuestro mundo viviente. Nuestros padres y su generación hicieron esto. Pero el respeto no es obediencia. El respeto es compartir lo que ves y lo que sientes, y tus mayores también deben respetarte. No lo sabemos todo, la vida es un deporte de equipo, y debemos compartirlo. Lo más importante que debes recordar es el sábado, tu comunión con Dios.

Dios vive en tu corazón. No necesitas una organización para alcanzar y hablar con Dios. Ni un día fijo de la semana.

Cualquier día, cualquier hora que sientas la necesidad de hablar con tu creador, Dios siempre está ahí para ti. Mantén tu tiempo del día o días de comunión con Dios puros y directos. No le mientas a Dios. Dile a Dios lo que está pasando y pide el consejo de Dios.

Este es un proceso de aprendizaje interminable. El objetivo de la humanidad es vivir, no solo aprender.

Y mientras escribía todo lo que acabas de leer, escuché que el honor de tu madre y tu padre es vivir con Dios y proteger a la madre tierra. La madre y el padre de todos. Este es el verdadero significado de esos dos mandamientos.

El significado sagrado de honrar a su madre y su padre es uno que se convierte en nuestro papel como ancianos, para asegurar y hacer que nuestras comunidades entiendan. Se trata de nosotros, no se trata solo de mí.

Ahora déjame llevarte en un viaje para vivir en el siglo XXI.

Gobiernos

El gobierno que debemos crear, para que todos podamos no solo sobrevivir, sino también tener la oportunidad de prosperar y vivir el sueño que encarnamos para tener en la realidad física aquí en la tierra, está dictado por nuestro pasado.

Si aprendemos no solo lo que sucedió, sino también por qué se hicieron movimientos en el juego de ajedrez de la vida, puede mostrarnos cómo podemos ganar y crear un mundo mejor para nuestros herederos.

Recuerde, para jugar a este juego de la vida, necesitamos un tablero, y si estropeamos el tablero en el que vivimos, y en la llamada Tierra, que es los tres niveles de la Tierra, solo tendremos nuestras creaciones matriciales en nuevos escenarios. Forma física de la tierra. Estas formas, encarnadas en su nuevo producto planetario, se denominan cuerpos. Cuerpos idóneos para sobrevivir al universo físico de esta nueva dimensión.

Comunidad
1. ¿Qué es una comunidad?
2. ¿A quién sirve la comunidad?
3. ¿Qué significa servir?
4. ¿Se construye la comunidad para servir a un individuo o grupo (s)?
5. ¿Qué constituye un grupo y cuándo ese grupo se convierte en una comunidad?
6. ¿Cuáles son las razones por las que las personas se convierten en un grupo?
7. ¿Qué hace un grupo?
8. ¿Cómo funciona un grupo?
9. ¿Qué mantiene unido a un grupo?
10. ¿Qué sucede cuando finaliza la moneda que une a un grupo?

11. ¿Qué sucede cuando el grupo crece y supera sus límites que lo crearon?
12. ¿Cómo se hacen las reglas que ejecutan el grupo? ¿Quién dirige el grupo?
13. ¿Qué es la moneda? ¿Es solo material, o puede ser también conocimiento y tradición?
14. ¿Qué da el valor de la moneda?
15. ¿Quién posee el conocimiento?
16. ¿Conocimiento de quién y qué?
17. ¿Hay alguna diferencia entre el conocimiento para el disfrute individual y el conocimiento para construir y mantener una comunidad viva y en crecimiento?
18. ¿Cuándo un gobierno de redes iguales se convierte en un gobierno de jerarquía y control?
19. ¿Cuál es la diferencia en esos dos tipos de gobiernos?
20. ¿Juega el único Dios un papel en las comunidades hechas por el hombre y en las religiones hechas por el hombre?
21. ¿Cuál es el papel que Dios quiere que gobernemos?
22. ¿Nos gobierna o nos guía el pasado?
23. ¿Se trata de vivir y crecer cada vez más? ¿O permanecer y vivir de acuerdo con las reglas de nuestros antepasados no sólo las pautas que Dios nos dio en los Diez Mandamientos en los que decimos que creemos?
24. ¿Cómo construimos un gobierno del siglo XXI que funcione para todas las personas, no solo para unos pocos?
25. ¿Debe el gobierno cambiar para reflejar los nuevos tiempos de la Tierra?
26. ¿Cuáles son los verdaderos objetivos de los seres humanos y cómo llegamos a este lugar más elevado de la vida en y en este planeta?

He tenido problemas para sentarme y escribir esta sección. He hecho mi lectura y mi vida. Estaba listo para descargar y listo. Sin embargo, me detuvieron.

¿Parado por quien? Parado por Dios y la conciencia superior, así como mis antepasados, nuestros antepasados. ¿Cómo me detuve? Comunicaciones en mi cabeza y visiones nocturnas en mi sueño. Este es mi insomnio espiritual.

El insomnio era no irse a dormir. No estaba dando vueltas por la noche. No no no. Entré en un vacío y salí y vi movimientos para cambiar el juego de la vida de la manera en que jugamos, para que otros puedan poseer nuestra energía vital.

Amo a la gente. Me encanta una sonrisa Me encanta la gente que intenta y gana su batalla personal. Me encantan los equipos. Amo los sueños Amo el arte. Arte, en todas las formas de artes físicas y espirituales que podemos compartir aquí en la tierra.

La vida es arte. Debe venir del corazón y debe ser sostenible aquí en la tierra, ya que la tierra es nuestro campo de juego.

Debemos entender que este juego es como el béisbol, excepto por una gran diferencia. Al igual que el béisbol, los humanos empezamos el juego lanzando nuestros deseos y necesidades a la tierra. Corremos el campo y esperamos que la Tierra nos permita permanecer en el campo. Un campo de juego realmente de nuestros sueños de conciencia.
Un campo que para algunos puede convertirse en pesadillas, cuando una comunidad no detiene el daño hecho por unos pocos en general.

"Si empujamos la Tierra demasiado lejos, dale a la Tierra el tono que elija para golpear, la Tierra puede elegir no golpear el tono solo. La Tierra puede elegir eliminarnos del campo de la Tierra. Necesitamos darnos cuenta de esta verdad ".

Necesitamos gobiernos que protejan la salud y el bienestar de nosotros, la gente y la tierra también. Como la tierra es el padre materno debemos respetar. Necesitamos asegurarnos de que nuestros movimientos sean seguros mientras los iniciamos, y analizarlos a medida que avanzamos, para ver lo que nos estamos haciendo entre nosotros, así como a la Tierra misma a medida que los movimientos continúan.

La tierra primero, mis amigos. Y la carga de la prueba para continuar nuestras acciones de cambio debe recaer sobre nosotros cuando cambiamos el campo de juego que Dios y la Madre Tierra nos dieron para vivir en este cuerpo de oxígeno de la tierra. No podemos seguir creyendo que la tierra es para la humanidad, y que todos los seres vivos crean el equilibrio para la humanidad y para la humanidad solo que nos permite existir aquí en la tierra.

El mismo Thomas Jefferson dijo que las reglas deben revisarse cada veinte años para ver cómo encajan en el mundo de la vida en constante cambio. Jefferson no era un fan de nuestra Constitución, pero entendió.

La Constitución de los Estados Unidos de 1788/89 cambió los Artículos de la Confederación. Las reglas y regulaciones del Artículo corrieron en nuestra nación durante nuestros primeros ocho años. Éramos una red de iguales. Ninguna fuerza de control central hace que nuestra órbita vaya de esta manera o de esa manera.

La constitución es nuestro sol y controla el espíritu de nuestra órbita como nación. ¿Y los que controlan la nave controlan nuestra nación? Aquellos que controlan nuestra nación son aquellos que controlan nuestra moneda que tomamos a cambio de nuestro tiempo, energía y posesiones para vender, así como para comprar.

La Constitución de los Estados Unidos tiene 229 años más de antigüedad. Es un retraso desde hace mucho tiempo para un reinicio. Esas reglas eran para una sociedad terrestre de 2500.00 personas. No son las más de

360,000,000 personas que tenemos hoy, lo que llamamos, la era de la información. Lo que nuestros profetas llamaron la edad de Acuario.

Thomas Jefferson, que no era un fanático de este nuevo juego, pero comprendió la necesidad entonces y por allá de este tipo de gobierno entre una fraternidad de Reinos, y el Papa dijo que debemos cambiar nuestras reglas cada veinte años, por lo que nuestras reglas se ajustan a la vida en Esencia, no los queridos difuntos. El juego es mantener vivo el eterno optimismo de que somos una tierra para todos, no solo para unos pocos.

Para hacer esto, todos deben controlar la moneda. Para hacer un cambio, amigos míos, debemos nacionalizar a la Reserva Federal y devolverle el poder a quienes elegimos. No dejemos que otros nos consulten, y crean en las apariencias públicas que escuchan nuestras necesidades, mientras actúan por sus necesidades para poseer y controlar nuestras almas vivas.

Esta es mi Columba desde mi despertar como un hombre renacentista mundano.

9 de septiembre de 2017, y el huracán Irma está llegando a Florida. Elegí volver a Miami desde Nueva York porque realmente quería estar a solas con Dios. Quería seguir escribiendo mis pensamientos ahora contenidos en este libro. Quería estar en comunión con Dios y aprender sobre la ira que la tierra estaba desatando sobre nosotros. Y por qué lo hacemos peor. Por qué no podemos obtener nuestro colectivo, y mucho menos nuestro acto individual junto. Medité, y esto es lo que escuché compartir con todos.

Escuché un mensaje para regresar y revisar en su conciencia, a Egipto, y discutir cómo comenzó el gobierno para la gente. Ve al hombre que ustedes llaman Moisés.

Mira lo que hizo y lo que hizo no fue lo que le pedí que hiciera.

"Moisés rompió todos los Mandamientos de no hacer, de hecho, ¿alguna vez te preguntaste si fui yo quien se lo dio? O alguna energía menor que creó estos no ".

A medida que lees el pasado como la humanidad ha escrito en su historia, la historia se desarrolla en lo siguiente que escuché:
"Los Hebreos fueron los nombres que los egipcios volvieron a llamar en esos días. Entonces, los egipcios estaban huyendo de África, Egipto, y cruzaron el Mar Rojo que ningún dios necesita abrir. Lo sabes, ya que has estado en el Mar Rojo con tu hijo Barron ".

"Viste la verdad entonces. Has investigado y aprendido mucho. Nunca elegí solo a los hebreos de Egipto. Creé todo y más. Yo soy. Y dice que está listo para decir la verdad al poder y luchar contra el poder para ayudar a las personas a tomar conciencia de las verdades. Bueno, sigue escribiendo.

Dije que me elijas y estaré ahí para ti. Palabras de esa era para aquellos que viven, a quienes siguen sus pensamientos hoy. Eso significaba ser un Hebreo. Escogeme

"Dile a la gente la verdad. Abraham y su primer rebaño de un lugar al que llamaron Urn, me eligieron. Ellos se acordaron de mi Y cuando me permitas estar presente en tu corazón como una fuerza guía, te guiaré. Pero cuando usas mi nombre en vano y dices que prometo ser tu Dios y que libraré tu tierra de otros que viven allí, no, está en ti.
 Cuando luego atacas y matas usando mi nombre, esto está mal, y otra vez está en ti. La humanidad de todas las edades ha usado mi nombre en vano y la paz nunca ocurrirá hasta que todos detengan su locura ".

"Moisés rompió todos los mandamientos de lo que no debía hacer. Era un líder viviendo en la oscuridad. La paz es la respuesta. Ustedes son todos mis hijos. Todos."

"Dígales a las personas que un gobierno debe trabajar para construir una comunidad. Debe apoyar a toda la comunidad, y todos deben tener acceso a vivir su sueño. El sueño debe estar donde están preparados para trabajar para lograrlo sin asesinato, robo, adulterio, codicia y no idolatría. La gente necesita dejar de ser deshonesta. Trabajar por el bien común. Salva la tierra y honra a tu madre tierra preservando y conservando. No desperdicies para tu generación tierra. Recuerda que eres el custodio del futuro que eres ".

"Verás, hijo, inducir el miedo permite que aquellos que lo hacen creen su control eliminando el miedo que crearon". Juego simple: Miedo a las cosas que otros controlan y te preocupa que te pasen cosas malas. La energía oscura te ofrece una solución. Esa solución nos da poder y detendremos el miedo !!

Tienes dos cuerpos. Uno es físico y te lo dio la Madre Tierra y yo. El otro cuerpo es astral, la matriz, y no viene de mí. Soy yo. Soy yo siendo tú. Huyendo de mi Tratando de ser tu propio Dios ".

Usted, como una existencia, también, puede obtener un cáncer. La bacteria que causa el cáncer espiritual es el miedo. Y cuando envuelve toda tu esencia individual, se llama odio. El odio, como un cáncer crece, y debe ser extinguido. Les di a todos libre albedrío y los observo y espero a que todos ustedes lo descubran.

"Deshazte del miedo enseñando, no dictando, la verdad a las personas. Diles quién eres. Termina este libro y dales las líneas generales para el gobierno del siglo XXI como lo llamas, en base a las verdades sagradas que tanto aprecias a tu corazón y alma. Deshaz el odio caminando con la luz, Steven. Se mi hijo Tú no eres Pinocho. El poder supremo es ser amor, no poder controlar. Ayuda a mis hijos, la gente vuelve a crecer y prosperar. Estado de sus puntos de vista ".

Ahora escucho o siento diferentes energías que dicen que lo sacaremos de aquí. Comienza con la primera constitución en Atenas, que fue escrita como una canción de rap. El nombre del hombre era Solón. Fue un estadista Ateniense de 600 A. C. Solón fue un legislador y poeta. Es recordado por aquellos que investigan su pasado como un hombre que legisló contra el declive moral de los pocos propietarios que intentan controlar a todos, ricos o esclavos.

Steven, tú eres el hombre de la música. Escuchas las vibraciones del amor y has aprendido la energía más baja del miedo y luego odias. Canta tu verdad y solo sé tú. Estás listo, hijo mío, y te estaré vigilando y apoyando ".

Desperté. Y se cayó de la cama. Sudando, y decidido a seguir para terminar este tomo.

Edificio comunidad para que todos puedan perseguir la felicidad. ¿Cómo viven las personas juntas?

Sencillo, hacemos lo que hacen los demás animales, creamos un orden gobernante.

¿Alguna vez has visto a los pájaros? Se mueven como un rebaño. Cuando aterrizan, cada uno es suyo. Consiguen comida y alimentan a sus familias cuando se sientan quietos.

Los peces se mueven en grupos. Las abejas se mueven en grupos. Las plantas comparten el suelo. Trabajan juntos y el más sabio sobrevive. No es el más grande ni el más fuerte. Aquellos que crecen demasiado y no respetan el equilibrio terminan muertos y desaparecidos.

Naturaleza

Verdades universales Somos la naturaleza en esta forma de cuerpo. Nuestra conciencia puede venir de más allá, pero en esta vida, debemos defender la naturaleza, no tratar de cambiarla por nuestro propio propósito y deseo. La naturaleza contraatacará.

Lo prometo.

Pasé por el huracán llamado Irma. Aprendí muchas cosas. Se nos dice que fue más grande y más malo que cualquier huracán registrado antes. Más malo porque persiste y causa más daño a esta plaga que destruye la tierra. La plaga es el hombre.

Hace muchos años, mientras crecía, hubo una canción cantada por una banda llamada Quicksilver Messenger Service.

Su canción se llama "What About Me".

La canción comienza con la siguiente letra:

"Usted envenenó mi amor
Tú cortaste mis árboles verdes
La comida que alimentas a mis hijos.
Fue la causa de su enfermedad.

Mi mundo está cayendo lentamente hacia abajo
Y los aires no son buenos para respirar.
Y a los que nos importa lo suficiente.
Tenemos que hacer algo."

Esto fue a finales de los sesenta. La generación de mi juventud, se convirtió en la generación de mí, y solo se preocupó por su yo.

Nos quedamos dormidos al volante. Y mira lo que hemos hecho a la tierra. Algunos pueden tener riqueza en ganancias de papel, pero no hay salud. Y por lo tanto, no hay riqueza. Riqueza real.

¿Cómo nos protegemos de la codicia y los temores de los demás?

Creamos un orden que se encarga de las políticas y de las necesidades de nuestra vida.
Este orden se convierte en el sistema que garantiza que todos tengan una función.
Que todos tengan un nivel de vida adecuado que participe en la comunidad.
Y animamos a las personas a crear el sueño imposible de construir un mundo mejor para todos, no solo para ellos y quizás para su familia personal.

¿Cómo hacemos esto?

Creamos un gobierno para la gente, por la gente y de la gente de la comunidad, para ser gobernados por esta forma de ley y orden.

Preguntas que ahora necesitamos revisar.

Gobierno

1. ¿Qué es un gobierno?

¿Un gobierno es un sistema que se convierte en el orden gobernante de quienquiera que acepte vivir bajo ese sistema.

¿ Un gobierno tiene muchos sujetos que, en realidad, se convierten en el objeto del gobierno. Puede ser su familia. Pueden ser tus escuelas. Pueden ser sus equipos deportivos y las ligas las que establecen las reglas y el orden para que su equipo juegue el deporte.

¿ Un gobierno es un negocio? Una religión es un gobierno.

Ahora los guiaré a través de los tipos de gobiernos que están debidamente creados.

Hay tres tipos de gobiernos. De hecho, estos gobiernos existían en el momento en que nació Jesús el hombre.

Los mismos conceptos mentales solo tiempos diferentes.

Revisemos:

Uno, los gobernantes y su orden así elegidos gobiernan requieren de un Dios para confirmar. Dios hecho por el hombre, debo añadir
Dos, por normas y reglamentos. Nuevamente, se requiere un Dios hecho por el hombre que de alguna manera le dice a los pocos educados que estas son las reglas y regulaciones que insisto en que sigas. Mentiras. Si esto era cierto, eso significa que Dios ha dejado nuestro edificio.
O tres. Las personas que eligen a su líder vivo. El viejo. El mayor es el entrenador de nuestra sociedad viva. El entrenador supervisa nuestro juego para todos, no solo para él, familiares y co-conspiradores del control de la sociedad. Un dictador como Castro.

Los gobiernos del orden mundial actual mezclan estos tres conceptos.

¿Pero a toda la gente le importa cómo sobreviven en este mundo en el que cayeron.

Dejamos a Dios. ¿Y ahora qué. Bueno, aprendemos a vivir nuestra existencia física sin Dios.

¿El juego de la vida física.

El gobierno se crea para mantener el orden. Pero ¿de quién orden?

La vida es un juego para ver cómo actuamos cuando uno de los tres gana el control de la comunidad.

Los espíritus crean la obra. Somos los peones. Los actores jugando el juego sin guión.

Una vez que se elige un gobierno, comienza el juego de quién controla qué. Luego, una vez que se responde, las historias se escriben para decirle por qué.

Por lo tanto, nuestro juego de vida actual comienza en el siglo XV etiquetado en euros.

Y antes de continuar, debemos entender el nombre del que proviene Europa. Según el poeta, Homero, el nombre proviene de una reina mitológica de Creta, la tierra de los minoicos. El nombre de las reinas era Europa.

Gobiernos creados por el hombre

Debo declarar que nuestro conocimiento actual del gobierno comienza con la lógica establecida en los siglos XVII y XVIII, llamada la Era de la Ilustración, o incluso su hermana, llamada la Edad de la Razón. Pero es en el siglo XV que se plantaron estas semillas de la vida actual.

Estos pocos hombres intelectuales que estudiaron el pasado de sus mundos, crearon un mundo basado en el dualismo. Un mundo de separación. La separación de la Iglesia y el Estado. Un mundo que es una mentira, porque todos somos parte de la energía de Dios, y usted no puede separar a Dios de sus vidas. Puedes eliminar la religión como religiones hechas por el hombre, no como Dios.

El juego es creer que solo podemos crear certeza separando las partes. Siendo un aficionado a los deportes de equipo, sé que la lógica está mal.

Para ganar, y la vida es un deporte donde la supervivencia con el crecimiento es la victoria, uno debe lograr que el equipo de la vida se mueva juntos.
No creer que uno es más importante que el otro. Y si lo desea, vea cuántas veces los equipos con un campeón de jonrones ganan la Serie Mundial. La respuesta es simple, solo ocurre cuando hay un equipo.

Lo que hicieron los pocos ilustrados es separarnos en nuestro idioma al respaldar el poder del sujeto sobre el aura del objeto. Sujeto del objeto. Ejemplo siendo:

1. Los machos de las hembras.
2. Cuerpo del espíritu, y el grande,
3. Los humanos de la naturaleza.

Hoy, separarnos del resto de la naturaleza nos ha otorgado la aprobación física, pero no la espiritual, de matar a otras especies y plantas en números récord, ya que cambiamos la composición química y biológica de la tierra solo para nuestro beneficio a corto plazo.

Antes de abandonar esta sección de control de pensamiento, debemos entender cómo los pocos WASPs que controlan las tierras del euro y los Estados Unidos tomaron la teoría de la evolución, que Darwin levantó de los demás y la hizo justificar su supuesta carga del hombre blanco para civilizar al conjunto. mundo en su nuevo orden mundial. Esto es un crimen, y debemos reinar en las tribus fuera de control del norte de Europa que creen que son mejores que nadie. La supremacía blanca es total.

El Vaticano no es el único que usó sus mentiras para apoderarse de nuestros pensamientos de creación, y quién fue elegido para gobernar a los así creados. Al principio, todos somos igualmente capaces de ayudar a construir un mundo mejor y más justo. Para los vivos, y nuestros herederos, así como para honrar a nuestros antepasados que nos trajeron aquí.

Esa es la guerra actual de nuestra tierra. ¿Somos reino, o Papa, o iguales? Y, amigos míos, Superman es la esencia de nuestras almas que tendrá un bateador de limpieza para salvar nuestros días futuros. Sí, creo en los cuentos de hadas, porque se hacen realidad. La palabra cuentos de hadas. solía ser escrito faire. Fiare es una palabra francesa, y significa encantado, no hacer creer, y nunca puede hacerse realidad.

Establecemos la escena. Regamos nuestro jardín. Continuemos:

De nuevo, el gobierno es un contrato social. Un contrato social que existe por el comportamiento. Es un acuerdo entre los gobernados y aquellos que sirven a las personas en el gobierno de los pueblos. No servimos a los que elegimos. Ellos deben servirnos.

Pregunta básica. ¿Quién es el sujeto? ¿Quién es el objeto? ¿Los gobernados o los que gobiernan?

¿Por qué pregunto?

Porque el sujeto controla el objeto. Y con las mejores intenciones iniciales, nuestro país ya no es la nación que crearon nuestros Padres Fundadores. Fuimos creados para vivir el conocimiento sagrado. El conocimiento sagrado es la tierra, es un paraíso cuando las personas se gobiernan a sí mismas, y lo hacen en honor a su madre, llamada tierra, y su padre, el creador.

Nuestros padres fundadores sabían esto y lo dijeron en la Declaración de Independencia, en 1776. El Mantra es Vida, Libertad y Búsqueda de la Felicidad. El Mantra del hombre a Dios. Construyamos una nación para todos y para Dios, los honraremos a ustedes y a la Madre Tierra. Dejaremos que las personas vivan y creen en libertad, donde todos comprendan que pueden perseguir sus sueños y vivir la vida en felicidad.

Como John Lennon cantó "El mundo puede vivir como uno". Debo agregar que en paz y armonía.
¿Pero cómo? Dar a las personas salud, bienestar y seguridad.
Que aquellos que necesitan trabajar, trabajen para la comunidad de la humanidad.
Deje que los demás, llamados personalidades de "Tipo A", salgan y creen su propio orden mundial. Pero cuando ese orden se haga demasiado grande, prepárese para traerlo de vuelta a la tierra.

¿Cómo se crean los gobiernos? Por personas, o por la fuerza. Y cuando las personas crean gobiernos, lo hacen para sus necesidades de vida.
Y vivir en este mundo no es lo mismo en todas partes. Por lo tanto, creamos reglas y procedimientos para ayudarnos a sobrevivir en nuestras ubicaciones geográficas.

Las culturas geográficas y sus gobiernos:

Los Chinos del 1400 tenían su enciclopedia. Esta serie de libros mostraba cómo hacer muchos de sus inventos, que dirigían su sociedad China. Algunos ejemplos son: la pólvora, un juguete para ellos y la imprenta, así como mapas detallados de todo el mundo que los Chinos exploraron y registraron. Nuevamente, estos libros fueron compartidos, para que todos pudieran conocer el Imperio.

Los Chinos le dieron los libros al hombre del Euro. ¿Por qué? El conocimiento vivo haría que el mundo occidental desee unirse al este bajo la supervisión China. El objetivo era asombrar al oeste con conocimiento, no con fuerza física.

Sus invenciones cambiaron nuestro mundo, pero no la forma en que los Chinos deseaban. China, que en 1434, después de un viaje a Italia, tenía la marina más grande del mundo, regresó a China y cerró la marina. Los Chinos se dieron cuenta de que Europa era una causa perdida, y su civilización tenía que salvarse de nosotros, los tontos del Euro.

El Vaticano intentó controlar la propiedad de este conocimiento, pero fracasó. El conocimiento era un libro de Pandora para terminar con la dominación de las edades oscuras del Vaticano.

¿El mayor invento que obtuvimos y aprendimos a usar en el mundo occidental? La prensa impresa. Esa primera imprenta cambió su mundo, y todavía estamos viviendo ese cambio.

Los europeos pudieron leer la Biblia en su propio idioma. No solo escuchar a otros leerlos en Latín, el conocimiento secreto. Esto cambió nuestro mundo. Las guerras religiosas en las tierras del Euro se produjeron, pero primero fue el segundo gran evento.

Ese evento fueron los turcos otomanos que tomaron Constantinopla. La Iglesia Ortodoxa del Este huyó a una península de Salónica, Grecia. Aquí es donde el conocimiento sagrado de la Iglesia Ortodoxa todavía está oculto hasta nuestros días.

Si eres hombre y deseas un gran viaje educativo, ve a la Península que alberga a la Iglesia Ortodoxa del Este.¿ Sólo los hombres pueden ir? ¿Por qué? Debido a que todas las religiones derivadas de Abraham del Medio Oriente en sus doctrinas, eliminan a las mujeres de la participación activa. Tenemos que volver a visitar esta tontería.

El Vaticano se asustó con la toma islámica de los canales de Europa del Este al control de Asia Menor, y decidió que iban a tomar el control del territorio que todos conocían y llamaban hoy el Hemisferio Occidental. El Vaticano tenía los mapas de las tierras y sabían dónde se encontraba el oro y la plata en nuestro Hemisferio Occidental. ¿Por qué?

Porque los Incas eran Chinos. Los Chinos colonizaron este supuesto nuevo mundo. El nombre Perú es Chino. Significa niebla. Y la Costa Oeste del Perú tiene una lluvia brumosa. ¿Consíguelo?

El Vaticano quería entrar. El Vaticano sustituyó a los conquistadores de la tierra que los Romanos llamaron Hispania, a la que hoy llamamos la Península Ibérica. La tierra de Portugal y España.

A estos soldados, a quienes llamamos conquistadores, se les dijo que la Virgen María calmaría los mares. Necesitaban difundir la palabra a estos paganos incivilizados y tomar las riquezas y la fama para el Vaticano y el Rey, en el nombre de Cristo Vaticano.

Estos mitos se crearon para que los Gladiadores, los soldados del Vaticano, ayuden a matar a los que viven en este mundo occidental. Entonces el Vaticano podría crear el nuevo mundo para el Vaticano. ¿Consíguelo?
La historia de un individuo llamado Cristóbal Colón descubriendo un mundo nuevo es una mentira. Este mundo existió y el nombre de Cristóbal Colón, puesto en latín y luego traducido al inglés, es una paloma que lleva un mensaje de la versión de Cristo del Vaticano.

El Vaticano se propuso conquistar el nuevo mundo, y lo hizo con sus guerreros en el metal, los conquistadores españoles. Todo un gran juego.

Sí, había un capitán de los barcos. ¿Pero una figura central llamada Cristóbal Colón? ¿Quién tenía dos nombres entonces y allí? Esos dos nombres son un mensaje secreto cuando se traducen del Latín. El mensajero que lleva a Cristo.

La parte Nororiental del nuevo mundo que el Vaticano quería eran los metales, incluido el oro, y encontrar la fuente de la juventud. Mira a dónde fueron. No por accidente, debo añadir. Esta búsqueda de la fuente de la juventud fue realmente el intento de encontrar la Atlántida, y se demostró que los mapas ocultos en las bóvedas del Vaticano se encuentran en las tierras que salieron del Caribe, los Cayos de la Florida y la Florida de hoy. De ahí, la obsesión Española con la Florida.

El nuevo mundo debía ser como el mundo europeo creado por el Vaticano. El conocimiento sagrado estaba oculto. Se convirtió en secreto. Solo el Vaticano y los que ellos elijan conocerán la Columba de su verdadera razón de su creación en el nuevo mundo que el Vaticano iba a hacer.
Este Nuevo Mundo Vaticano fue creado para imponer la creencia de que "Dios ha designado al Vaticano para gobernar la tierra". Por supuesto, impondrían que el Vaticano es la única línea directa para comunicarse con Dios.
El Vaticano intentó convertirse en el mensajero de los siete mares de las reglas y regulaciones de su imagen de Dios hecha por el hombre. Su Dios, el que llamaron Cristo, (Cristo en Latín, que, mis amigos, significa el ungido en Hebreo). Alguien o cosa ungió a Jesús el hombre y un hijo de Dios para Dios.

El mensaje fue, compórtate y tu próxima vida no estará aquí en la tierra, estarás sentado con Dios en el cielo. Aquellos que no respetan nuestro orden gobernante languidecerán para siempre en el infierno bajo tus pies, y el hombre de la tierra camina sobre ti.
Yo estaba en Portobelo, Panamá. Un gran punto esclavo de los días del Vaticano de tomar las tierras del norte de América del Sur. Los esclavos saldrían del barco y luego irían a la Iglesia y se encontrarían la estatua de Jesucristo. Esta estatua de Jesús era negra. Vestida con túnicas púrpuras, con oro atado como baratijas en la túnica. El mensaje es simple; Se vendió a estos Africanos para que la próxima vida sea contigo y con el Jesús negro. Cállate y sirve, para que puedas conocer a Jesucristo, nuestro salvador. Sí, el que ahora usamos para esclavizarte en nuestra forma de vida. Enfermos.

Antes de continuar siento que debo compartir lo que realmente significa Sagrado.

Sagrado es un término artístico que describe algo que le da al oyente o al espectador. conciencia y conexión con tu existencia, ya sea aquí y ahora, o con lo eterno. Tu conexión con la creación. Tu conexión con Dios.¿ El problema se convierte en lo que es Dios?
El conocimiento sagrado de por qué estamos aquí es para construir un mundo donde podamos compartir la vida como una comunidad creada por Dios. Donde cada uno creamos nuestros propios mundos, llamados felicidad, mientras permitimos que todos los

Oportunidad de hacerlo y la libertad de respirar. El gobierno debe garantizar la salud y la riqueza de las personas y garantizar su seguridad para que el mensaje sagrado funcione.

Thomas Jefferson y su equipo, que lo ayudaron a escribir, revisar y luego publicar la Declaración de Independencia, conocieron este mensaje. La Declaración fue su Columba.

No la versión Vaticana. Es por eso que la Declaración dice sin Reino ni Papa. El mensaje es, nosotros la gente somos el gobierno. Palabras que la gente no estaba preparada para vivir. El Mantra que viene para toda la humanidad.

Íbamos a convertirnos en una red de estados iguales que compartieran geografía, para construir una comunidad de igualdad para todos. Solo necesitábamos aprender lo que realmente significaba. El conocimiento y la conciencia son un movimiento de los puestos de meta. Nunca termina.
La mascota de nuestra joven nación era una mujer que representaba a la madre tierra. Luego, cuando nos convertimos en un imperialista europeo, y la guerra era nuestra meta, alrededor del momento en que entramos en la Primera Guerra Mundial 1, y vendimos bonos de guerra para financiar una guerra, nos convertimos en el Tío Sam. La Madre Tierra ya no importaba.

Nuevo juego. Juego del capitalismo. Aquí es en pocas palabras. Si nuestra tierra no la tuviera, simplemente la robaríamos de otra parte. La posesión de la propiedad tomó el control. Sin que Dios diga que este robo está bien, y mucho menos el derecho de matar y mutilar.

De vuelta a la conquista del Nuevo Mundo por el Vaticano. También tenga en cuenta que dos años después de la caída de Constantinopla en 1453, el Vaticano emitió un edicto, una Bula Papal, que autoriza a la gente de Hispania a comprar negros Africanos y poseerlos como esclavos para sus vidas, así como las vidas que producen para todos. hora. ¿La razón? Necesitaban una fuerza de esclavos para crear el imperio de la Agricultura para que las legiones del Vaticano vivieran con lujo y esclavos para extraer la plata y el oro.

Los tres productos que la caída de Constantinopla causó que el Vaticano perdiera, fueron su Mirra, Incienso y Oro. Este era su oro negro y sus drogas, así como el poder curativo de su época. De hecho, es lo que leerán los tres reyes del Medio Oriente traídos a Jesús. Con los turcos en control del Medio Oriente, el Vaticano perdió su origen.

La verdadera historia, no la historia de la Iglesia Católica, aparecerá y se enseñará pronto. No es bonito, y no está en línea con Jesús y su predicación. De hecho, el Cristo anti-Vaticano es Jesús.

Con respecto a los gobiernos de Jerusalén en los años cristianos, ahora conocidos como AC1 / DC1, había tres estilos de gobiernos:

Gobierno de clase 1 se llama los Saduceos.

Este era un gobierno dirigido por sacerdotes de la realeza y transmitido a sus familias. Tenías que nacer en esta tripulación o casarte con ella para ser parte de esta tripulación.
Hoy en día, esta teoría podría aplicarse a los banqueros independientes que gobiernan nuestro mundo con la ilusión de que son dueños de nuestra moneda. Estos banqueros vienen antes que la gente.

El mismo Obama lo demostró cuando les dio el dinero lo demostró cuando les dio el dinero para distribuir a la gente para salir del choque de 2008 que ellos mismos crearon. Venta de estafas. Pero eran demasiado grandes para fallar, así que nosotros, la gente, fracasamos.

Obama no fue un hombre de cambio. Un hombre que teme ser la diferencia. De hecho, parece que era propiedad y estaba controlado por Wall Street. Verdad. Fue financiado por Wall Street, y ellos también pagaron por su educación. Si él era el hombre de la gente, no solo un gran orador, habría tenido las pelotas para dar a la gente el dinero directamente de nuestra tesorería y cerrar de una vez por todas al Cartel de la Reserva Federal que dirige nuestra nación.

Obama parpadeó y cedió a los bancos. Los dos Presidentes que intentaron detener esta estafa independiente en su época, Kennedy y Lincoln, fueron asesinados a tiros. En pleno estilo de ejecución pública. La teoría de la conspiración mi culo. La verdad que simple.

La orden sacerdotal de los banqueros hizo lo que los banqueros de hoy siguen haciendo; mantuvieron el dinero y lo prestaron con intereses, en lugar de invertirlo para el crecimiento. Triste.

La clase de gobierno 11 son los Fariseos.

Este grupo se educa en un sistema de reglas que aplican a todos. Debo agregar que es una clase de élite autodenominada y que se perpetúa a sí misma. Esto se convierte en el sistema de ley que tenemos hoy. El sistema entonces fue creado porque dijeron que Dios les había dicho de este orden. Interesante. Dios te da libre albedrío. No las normas y reglamentos. Recomendaciones, como en los Diez Mandamientos, pero no las demandas que son comandos, o de lo contrario. Estamos aquí para resolverlo.

Es aquí, a veces, donde la primera clase se fusiona con la segunda clase. Lo que hacen es dividir el lado espiritual para el sacerdote y el lado de la tierra para los abogados de las tierras en nuestro mundo de hoy. Pero directamente, no puedes sacar a Dios de la ecuación de la tierra. Cuando lo haces, obtienes el desorden que tenemos hoy.

Pero puedes eliminar la religión, ya que Dios no creó la religión. El hombre lo hizo. Nuestros Fundadores sabían esta verdad.

La verdad es: ¿quién inventó todas estas reglas y por qué creemos que son verdaderas? Y, al creer que son verdad, los hacemos realidad.

La clase de gobierno 111 era los Esenios.

El grupo estaba formado por personas que dirigían su propia sociedad por mérito y se basaban en la igualdad. Jesús se convirtió en uno de los líderes espirituales. Así es como debe ser la vida. Un gobierno que se ejecuta por el pueblo, por el pueblo y por el pueblo.

El nuevo mundo de 1492, en realidad el Hemisferio Occidental, copió estas tres órdenes gobernantes de las sociedades antes de la llegada del Vaticano y de los otros Euro Men que viajaban por el mar.

En el sur, tenías imperios de gobernantes. Un orden de jerarquía sacerdotal.

En el Norte tenías federaciones, redes de esencias, que compartían la tierra y las responsabilidades del gobierno entre la gente y ellos mismos.

El mundo Europeo estaba a punto de cambiar, y también lo haría su versión de gobierno. Aparecerían nuevas combinaciones de clase uno y dos, hasta que EE. UU. Intentara hacer dos y tres. Aquí está nuestra historia. Ya no su / historia.

Esto es lo que le sucedió a nuestra nación con la invención y luego la implementación de nuestra Constitución de los Estados Unidos en 1789. Esta constitución ocultó el conocimiento sagrado ya que el mundo aún no estaba listo para vivir en un mundo basado en la igualdad. No, teníamos que vivir en un mundo basado en la propiedad. Un mundo que nuestra declaración decía estaba mal. Un mundo sin Reino ni Papa separado.

Recuerda, como repito, la religión hecha por el hombre, y Dios hecho el hombre. En la Iglesia dicen Amén, que, amigos míos, significa hombres nuevamente.

Necesitamos vivir con Dios, y honrar a la Madre Tierra. Es por eso que la capital de nuestra nación se llama el Distrito de Columbia. Nuestra Columba es nosotros, las personas que vivimos aquí y honramos a la Madre Tierra y al Padre Dios.

El secreto está ahí para descubrir, y es hora de que nos convirtamos en la nación de nuestra declaración. Y aquí es cómo lo hacemos.

.

Petra, Jordan

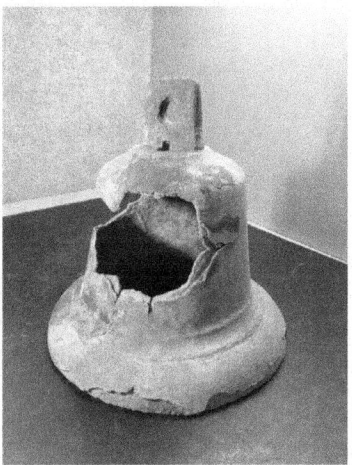

La campana del barco de la "columba" santa maria. Una de las tres naves que el Vaticano envió acumuló. El mar para apoderarse de los que viven por mil de Años en nuestro hemisferio occidental.

El edificio de la capital cubana. El congreso se sienta allí.
Construido como el nuestro pero mas grande. Construido antes de Castro.

La columba americana. Eso es antes de la creación del tercero reserva federal del partido en 1913. Luego nos convertimos en el nuevo ejército de los antiguos romanos Imperio. El tío Sam se convirtió en nuestro tema. Y la guerra por el beneficio de terceros. Se convirtió en el mensaje de nuestra nación.

Este agujero de cubículo está dentro del templo de Seti-Abydos Egipto. Estoy dentro haciendo mi Kundalini mientras exploraba el sitio.

La eterna llama cubana del che. La llama siendo un símbolo zoroastriano. Más viejo que Jesús. Por cierto, te dejan tomar fotos en el Museo del che.

Un "hombre santo" en forma de arcilla. Pinocho?

Primrose Hill. Londres. Donde envie al viento algunos de los 20 elementos de tierra de las cenizas de Barron. yo era contando la reunión esos 20 elementos van a la tierra. Los 7 elementos restantes se remontan a la matriz de existencia. Este juego termina cuando nuestra conciencia. se reúne con dios El círculo en la imagen dice en Welch. El que habla aquí, habla la verdad al poder. No lo híce Sé que entonces cuando tuvimos la reunión. Era Me lo señaló después.

Yo en el muro de los lamentos Jerusalén.
Donde pongo algunos de mis hijos cenizas

Yo siendo bautizado en el Río Jordan.
Y sí, las cenizas de Barron. Vino y se mojó conmigo.

Invitado de Israel en el aprendizaje de la ONU y conocer al creador de la Cúpula de hierro. El sistema que aseguró las ondas aéreas de Israel.

Jesús negro. Portobello Nueva Granada. Hoy llamado Panamá. Este fue el estatuto de Jesús los esclavos. Caminaron por su camino hacia el trabajo forzado y la muerte. Los soldados del Vaticano llamados conquistadores dijeron a la los esclavos de este Jesús negro se harían cargo de ellos en la próxima vida. Pero para que Jesús haga esto ellos solo trabaja para ellos ahora.

Yo en Petra Jordan montando los caballos en el camino. al histórico fuerte de roca que llamamos Petra en Jordania.

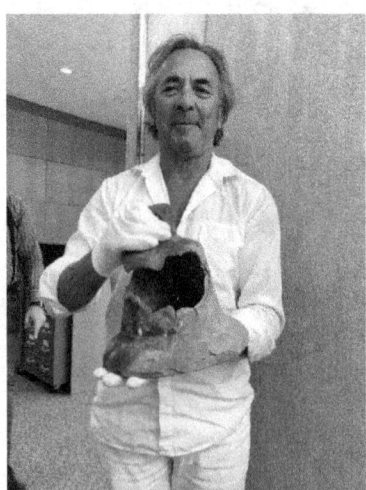

Yo sosteniendo la campana de Santa Marie.

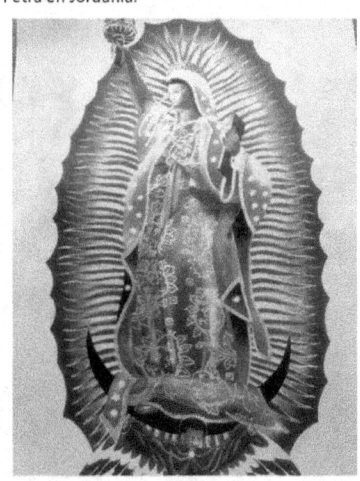

La María de Guadalupe. El santo que consiguió el A los terroristas del Vaticano los llamamos soldados españoles. a través del mar. Lol en la foto al revés y parece ser el maíz. La comida los visitantes asesinos. y los esclavos utilizarían como su alimento básico de carbohidratos en su dieta.

Estatua egipcia tan antigua que tuvo el tiempo bíblico.
no comenzado Desde la zona que llamamos Luxor.

Yo con el jefe militar de Jordania.
Soldados sin ellos matándote por mí o por mí.
Para ti no habría guerra.

Barron y yo montando en Memphis Egipto. Se metió en una discusión con la policia egipcia. Me dijeron que me pusiera una camisa o si no. Dije que estoy usando una camisa. La camisa que dios y la madre tierra me dieron.

La segunda parte

El Sistema Mundial Metafisico.

El juego metafísico corriendo nuestras vidas

El orden mundial metafisico

¿Quienes somos?

¿Estamos a punto de convertirnos en una especie de humano extinto porque ahora no escuchamos el verdadero llamado de la naturaleza? ¿Una llamada liderada por los sonidos y las energías de los sistemas naturales colapsados debido a la pura ignorancia, la adoración constante del dinero y la codicia como nuestro dios, mientras que la Madre Naturaleza continúa cambiando, evolucionando y transformándose?

Veo que eso podría suceder en mis sueños espirituales sin control.

¿Entonces, qué podemos hacer?

Necesitamos entender los gobiernos que han existido a lo largo del tiempo y lo que debemos hacer para crear un gobierno para la gente y por la gente y de la gente, para que podamos sobrevivir y prosperar como una especie aquí y ahora en la tierra. Nuestra conciencia es un parque infantil.

Gobierno de más allá. Más allá de nuestras limitaciones físicas.

Creo que cuando fuimos creados como ángeles, no como bestias por Dios, con nuestro cuerpo de la Madre Tierra, se nos dio la capacidad de gobernar nuestra conciencia colectiva. La comunidad de la humanidad. No solo una tribu y su gobernante, o el gran matón, el matón físico de la comunidad. Este es un proceso de crecimiento. Una que aprendemos de nuestros errores pasados.

¿Cuándo nos comprometemos a vivir y aprender las verdades universales de las leyes físicas y espirituales?

Cuando volvamos a lo que es en realidad una matriz de energía. Aquí es donde vamos cuando dejamos nuestro cuerpo físico y esperamos nuestro regreso a la tierra, o en cualquier otro lugar, para que sea la verdadera cuestión del hecho espiritual.

Regresamos a la tierra y caemos en el cuerpo, creciendo en el vientre de nuestra madre tierra. Nos despertamos en la vida, y lloramos porque no sabemos dónde estamos. Observamos a nuestros padres y sus amigos y familiares hacer expresiones faciales idiotas, tratando de hacernos reír. Lloramos y decimos, ¿qué es esto? Olvidamos por qué estábamos aquí.

Crecemos físicamente, pero nos lavan el cerebro para olvidar las cualidades espirituales. Caemos en la línea viva del actual sistema de control de la educación, la religión y el juego económico que juegan las pocas personas que poseen y controlan nuestros medios de comunicación.

Un paradigma que produce con intención, miedos y luego odio, porque no entendemos en nuestra forma de vida física. Todos somos uno. Es hora de cambiar este paradigma. ¿Estamos listos para ser pacifistas reales? Queremos la paz y seremos los primeros en conseguirla.

En el mundo de hoy, nos convertimos en la bestia de las cargas. Servimos a quienes controlan las necesidades de nuestro mundo. Necesidades que deben ser propiedad y ser controladas por la comunidad real de la humanidad.

Olvidamos que regresamos para compartir nuestro despertar que descubrimos cuando no éramos nada más que energía viviendo en la matriz de la existencia. Realmente, ¿Cuál es la mente de Dios?

El propósito de un gobierno es proporcionar la salud y el bienestar, así como la seguridad, para todas sus formas de vida.

Así que ahora, ¿cómo vivimos y compartimos la vida?

El problema con la vida física, es obtener energía física, debes alimentarte de otra vida. Matas animales y plantas para comer. Formamos un orden social y luego matamos para mantenernos vivos. Plantas que podemos propagar. Los animales los podemos propagar, pero no reconocemos que toda la vida tiene conciencia. Y este es el sistema de castas de la vida física. Es lo que los hindúes sabían.

Aquí es donde la humanidad actual, que se llama a sí misma hindúes, se equivocó. O cómo se me mostró la visión espiritual desde más allá.

Aceptaron el sistema de castas equivocado del prójimo. Si está consciente de que algo está mal, es posible que no lo afecte, pero si afecta el modo de vida de otras personas, creo que tiene el deber de informar a las personas que está mal. Pero, nuevamente, todas las religiones de Dioses hechos por el hombre hacen esto a su manera. Y creo que está mal.

El gobierno es un contrato espiritual entre nuestra conciencia que cuando nos encarnamos hasta la fecha, hemos permitido que los miedos físicos creados por la humanidad gobiernen y recuperen nuestro propósito en la vida. Es para ser servido y para servir al prójimo.

No es un infierno donde servimos a aquellos que controlan nuestra moneda física que aceptamos trabajar y vivir aquí en la tierra.

Entonces, mientras nos llevamos a todos por el camino de la memoria, reiniciemos el experimento americano y nos olvidemos del camino de la humanidad:

¿La tierra cambia,
¿Debemos como conciencia meta/física adaptarnos a estos cambios y
¿Necesitamos un gobierno del siglo XXI por parte de, y para que las personas proporcionen vida, libertad y la capacidad de buscar la felicidad para todos nosotros.

Debemos convertirnos en el faro de luz que muestre todo lo que representamos el amor de Dios por los demás seres con la mejor conciencia y capacidad actuales.

El mundo metafísico

¿Qué es esto? Vamos despacio y déjame intentar abrir los pasajes en tu mente para que todos puedan ver lo que veo.
Si todos cerramos nuestras mentes a las mentiras y los miedos, y dejamos que el flujo de la respiración nos lleve, amigos, seguro que verán de dónde venimos todos. Vamos allí juntos.

¿La cultura es la respuesta? La música es la vibración que puede y trae cambios, o te mantiene igual. La música controla tus pensamientos.

"La palabra"
"Estar"
"Lágrimas en el cielo"

Esas son canciones que significaron tanto en mi vida. Y esas últimas tres palabras en mi vida me hacen recordar otra gran melodía.

Y, estoy buscando a alguien con quien compartir esa canción en mi vida, todavía. Tal vez ya ha aparecido.

Todo un juego. Dos almas mirando en la noche para encontrar la luz y compartir sus corazones juntos en felicidad. Esperando que ese beso se despierte en tu tierra de encantamiento. A lo largo de nuestra atalaya de la conciencia, viendo cómo lidiamos con nuestras vidas.

Pero estamos aquí en la tierra para vivir la vida. Entonces, déjame continuar.

"La vida, la vida, dítela como es. No tienes que morir antes de vivir. "--Sly and the Family Stone
¿Qué es la vida?

La vida es física y espiritual. Directo hacia arriba. Las torres gemelas de la existencia.

Nos concentramos en nuestras ciencias. Vivimos de nuestra tecnología. Pero ambas son la parte física de la vida.

La ciencia enseña o explica las reglas físicas de la naturaleza. La ciencia es todas las teorías y definiciones. Explica lo que actualmente aceptamos como verdades físicas. Pero puedes cambiar el arco de las realidades físicas. Recuerda, las dimensiones tienen tiempo en el espacio. Los pensamientos no tienen tiempo ni espacio. Y los pensamientos pueden mover montañas y traerlas al mar.

El espíritu humano, así como la conciencia, no puedo, repito, no puede ser definido por la ciencia. El espíritu humano es metafísico. ¿Por qué? Porque el espíritu humano es libre albedrío, no limitado por los límites del tiempo o espacio. Necesitamos una orden moral para controlar, así como también para alentar el libre albedrío. La ciencia y sus herramientas tecnológicas no pueden definir qué es una sociedad justa. Solo nuestros corazones pueden.

La primera parte fue principalmente sobre nuestra vida física. La "máquina" en la que vive nuestra conciencia individual. Lo que necesitamos saber para sobrevivir. Como individuo y miembro de una tribu de una especie, llamamos humanos.

Pero sí revisamos la creación y cómo nuestra conciencia dejó que Dios se convirtiera en Dios, creó nuestro mundo con un gran banco de pensamientos y experiencias de vibración visual que cobraron vida. La vida encerrada en un cuerpo físico, que controlaba nuestros pensamientos y creaba nuevos deseos.

Como todos los animales, y para el caso, todos los seres vivos, necesitamos obtener energía para usar nuestra máquina corporal. Obtenemos esta energía al comer formas físicas de vida, o beber líquidos, que están enriquecidos con los elementos esenciales que nos mantienen en pie.

Verdad: somos un grupo físico de bestias. Los humanos consumen otra vida, mueven la tierra cuando es posible y hacen lo que se necesita para sobrevivir. Construimos casas, comunidades, buscamos alimentos, cultivamos alimentos, vivimos por el agua.
La vida es un regalo. Tenemos la oportunidad de experimentar sensaciones físicas como todas las otras creaciones.

Pero hay más; Los humanos no se encarnaron aquí en la tierra para ser solo bestias, o al menos eso creo. Vinimos a la Tierra para vivir entre las bestias que existen como ángeles, para que toda la vida pueda disfrutar del planeta equilibrado. Caminamos en nuestra forma corporal.

Nuestra conciencia en este cuerpo tiene tres dones que otras formas de vida de la Tierra no tienen. Uno, podemos comunicar individualmente nuestros deseos y necesidades con espíritu. Dos, podemos interpretar e improvisar los mensajes que recibimos.

Tres, podemos implementar, e implementamos, nuestra conciencia desde más allá de esta vida compartida con nuestro cerebro físico.

Recuerde, la palabra Genio en Latín, traducida al inglés, significa en contacto con el espíritu. Estamos aquí para construir una cultura que pueda sobrevivir y prosperar tanto individual como colectivamente. Pero para hacerlo, necesitamos entender el juego de la creación y por qué nos encarnamos para vivir esta vida. Y sí, tenemos una opción.

Tenemos reglas que controlan lo que hacemos como individuos y miembros de diferentes comunidades. Pero quién hace estas reglas?. ¿Y por qué creemos que son verdad? ¿Para quién son estas reglas?

¿En qué siglo se hicieron estas reglas? ¿Y para quién fueron hechos, y por qué? Y lo más importante, ¿por qué creemos que son verdad? Y luego actuar y hacerlos realidad. ¿Que estamos haciendo?

¿Decimos que queremos que un gobierno justo nos supervise? De Verdad? No, queremos que un gobierno justo cumpla con sus obligaciones de servicio a las personas que representan. El gobierno trabaja para nosotros. No trabajamos para el gobierno.

Esta sección se escribió durante el transcurso de mi tiempo para el Senado de los EE. UU. En 2016, y este año el Congreso, aquí en Florida. Quería servir a la gente.

Quiero encender el fuego en nuestros vientres, para que nadie tenga que morir de miedo e incertidumbre en un mundo que se caza el uno al otro. Somos de la misma fuente y eso debe ser enseñado y recapacitado y solo puesto en nuestras mentes de ADN.

Eres un conservador o un liberal; eso es lo que el pensamiento mental de la policía puso en nuestras cabezas. Eso es todo lo que ahora puedes ser. Al igual que cuando nace, usted es la religión de sus padres, así como el niño que pertenece a la nación en la que nació. Usted es un número bajo este sistema.

Creo que no eres un número, y este juego de etiquetado debe irse. ¿Cómo nos deshacemos de este sistema? Ampliar los límites. Comprende los símbolos de propiedad y control de tu mente. Aprende el significado sagrado de las palabras en juego que controlan tus pensamientos.

Examinemos la cultura y la moda, así como el gobierno justo y el gobierno conservador.

Cultura: Se ha dicho que la cultura es conservadora porque retiene todo lo que dura la prueba del tiempo, que tiene un valor "espiritual". Y la cultura, según esa definición, es para los elitistas, ya que solo esas pocas sociedades ungidas comercialmente aceptadas como tales pocas pueden recibir el regalo público de ser consideradas atemporales y, por lo tanto, de un valor único.

La moda es lo que el público de hoy cree que es nuevo, pero no tiene esa prueba del tiempo como prueba de que es cultura. Porque la cultura requiere el factor tiempo para crear el valor espiritual de los controles hechos por el hombre sobre tu mente.

El Espíritu es personal y comunitario. El Espíritu es tu relación con el poder superior. Y esta relación tiene que ver con el amor y el servicio mutuo.

La cultura nunca puede ser puramente conservadora porque la esencia de la cultura es la búsqueda interminable de descubrir la verdad en un mundo en constante cambio. Nuevos vientos, nuevos mares, nuevos caminos hacen que nuestro mundo en la tierra esté sujeto a cambios y ese cambio crea la cultura que ayuda a la sociedad a unirse y sobrevivir cada día.

Necesitamos una nueva cultura para el siglo XXI. Eso es lo que el espíritu sigue mostrándome en mi cabeza. Al igual que los compositores, guionistas y diseñadores de moda, así como los atletas, quienes se convirtieron en grandes oradores espirituales, y estos pocos saben escuchar. No me dieron una opción. Luché y perdí. El Espíritu ha ganado, y esto es lo que dicen, y lo que me muestran como verdadero.

Necesitamos encontrar la manera de crear el nuevo paradigma. Y ese paradigma se basará en un gobierno justo para unos pocos, la forma en que nos dirigimos actualmente, o en un gobierno para todas las visiones que veo en mi cabeza. Así que amigos, ¡aquí vamos!

Entonces, vamos a perder el término liberal. Significa anti-conservador. Un conservador es aquel que vive una mentira. ¿Recuerdas la canción, "Un hombre muy respetado"? Escúchalo.

Un conservador no entiende los vientos del cambio; Quiere que todo siga igual, así que él / ella, el conservador, puede jugar su juego sabiendo las minas terrestres que se encuentran por delante. Una mentira para que sigas creyendo que el mundo no ha cambiado para mantener a estos pocos en el poder que te controlan a ti, las masas. Las masas, las ovejas.

Por otro lado, la cultura es la búsqueda interminable de creaciones absolutas. Nunca es puro porque la cultura incluye la filosofía para obtener una sociedad justa. Una sociedad justa tiene que ver con las necesidades sociales y estas necesidades cambian con el tiempo. Nuestra Declaración de Independencia de los Estados Unidos de 1776 tenía valores cuando nos convertimos en la primera nación en el mundo de nuestra historia escrita actual en afirmar que somos una nación. Esas palabras fueron: "La libertad de vida y la búsqueda de la felicidad".

Pregunta; ¿Quién fue el "nosotros" en los días de la Declaración y la institución de la Constitución?

Nuestras tres promesas al creador de todo lo que sería una nación sin rey o papa, pero una para el pueblo.
Y en esos días, nuestros padres fundadores no estaban muy seguros de cómo incluir a todos, porque nuestro mundo les enseñó que no todos los humanos eran personas. Nos hemos movido desde entonces y confiamos en el hecho de que estábamos equivocados.

Hoy vivimos en una democracia de masas. Uno de cantidad. No de calidad. El juego de la humanidad es vivir la vida y descubrir que esta vida física es temporal. Pero la esencia de ti, tu alma es eterna.
Necesitamos descubrir la verdad eterna y la belleza de la existencia. No solo la cantidad de tener una gran posesión - vida llena Y un gran maestro te ayudará a guiarte hacia el camino donde haces que tu vida sea eterna. No solo un momento en el tiempo físico. Recuerda, sólo la vida física tiene tiempo y espacio. Entonces, ¿quiénes somos? ¿Y de dónde vienen nuestros gobiernos?

Creación del Hemisferio Occidental

Nuevo / Antiguo Orden

En 1492, había tres tipos culturales de gobiernos religiosos fuera de los nativos que vivían allí entonces. La religión es el gobierno. Los puntos de vista conservadores fueron la cultura de las tierras.

1. Chino
2. Vaticano
3. Islámico

Y aquí en los Estados Unidos somos la creación de pensamientos de la Era de la Razón y la Ilustración. El nuevo orden mundial de conciencia espiritual como el mundo se abrió a partir de los inventos compartidos por los chinos con el gobierno controlado por el Euro-Vaticano.

Los Estados Unidos de América: ¿Alguna vez te preguntaste de dónde vino América? ¿El nombre?

Bueno, aunque este conocimiento es ahora secreto, los chinos siguieron la pista de su historia. Su historia. Por lo tanto, podemos desenterrar la suciedad de la ignorancia planificada por el Vaticano y descubrir que las perlas de nuestro nacimiento fueron nuestras culturas Euro y China, que se cruzan en el medio oriente llamada la Ruta de la Seda.

China no es solo una nación, sino una civilización. Lo que hoy llamo una civilización de masas. Haces lo que hacen las masas. Esto está arraigado en su ADN. Lo sabemos como pensó Confucio.

Las reglas de la Orden del Imperio Chino se convirtieron en un sistema de castas de orden y control. Orden, para controlar el pensamiento libre. ¿Quieres libre pensamiento en esta tierra? ¡Buena suerte! La tierra está controlada como si fueran abejas humanas. La reina es la jefa, y todos comparten el conocimiento de su comunidad.

Incluso Mao tuvo que regresar a Confucio después de que hizo todo lo posible para borrarlo de la mente del pueblo Chino. Esto fue después de su sueño de un país basado en la igualdad, un verdadero estado comunista, sin comprender el significado real de la igualdad.

El comunismo, tal como lo vivimos, no es más que una economía dirigida por una dictadura. Los pocos poseen y controlan a las masas poseyendo y distribuyendo la moneda de la gente.

Aquí en los EE. UU. Tenemos un problema porque nuestra moneda es distribuida por un cartel de terceros denominado Reserva Federal. No es federal ni reserva. Debe irse, y te llevaré allí.

Los que poseen la distribución de la moneda del pueblo son dueños de la gente.

Los Chinos querían la espalda de Confucio, bajo Mao. Lo consiguieron con un nuevo giro. Una regla del siglo XXI de diseño de control y orden para hacer de la civilización China la dominante de la Madre Tierra. El respeto a sus mayores es uno de sus temas principales. Es por eso que el gobierno tiene ancianos dirigiendo su juego.

Su economía se basa en la cantidad. No de calidad. La forma de detenerlos es fácil: recórtelos. Olvídate de tratar de hacerlos como nosotros. Siguen la ciencia y aman la tecnología. Pero sólo a su manera. No es una forma de libre albedrío. No uno que crezca. Sólo uno que sigue siendo el mismo.

Pero, ¿estamos aquí en los Estados Unidos? Piénsalo cuando termine mi historia.

En 1421 los Chinos controlaban los mares. Tenían la armada más grande. Y la Armada era el jefe.
Los Chinos enviaron sus barcos a Europa. El objetivo era asombrar a los europeos de enamorarse del Emperador y su civilización.

Dieron su conocimiento, escrito en enciclopedias, a la gente de la tierra que hoy llamamos Italia. Los gobernantes de unas pocas ciudades del estado. Todo controlado por mercaderes en los negocios con el Vaticano. Corrupto es una palabra demasiado amable para describir el Vaticano 100 años antes de Martín Lutero. El hombre que se atrevió a decirle a la iglesia que usted es una organización que miente y roba y codicia la propiedad de otros. Matas y mutilas. No eres lo que dices que eres. El hombre era valiente. Amo su energía.

La libertad es cuando aprendes que no tienes nada que perder. Hora de ser libre, mis amigos. Tú no mueres. No hay fin. Aprende esta verdad y los payasos que poseen este sistema actual desaparecerán. Ellos saben la verdad.

No había libros para las masas en 1421. Ni siquiera revistas o papeles de basura. No hay chismes. Fuiste al Cuestionario del Vaticano, la Inquisición, si te encontraban afuera en una reunión pública. Ahí es donde se creó el concepto de conspiración. Una conspiración para aprender la verdad. Y hoy, con H. Clinton y D. Trump, para nombrar solo dos, que controlan el sistema político bipartidista de EE. UU.¿Debemos preguntarnos qué hemos aprendido?.

La verdad saldrá a la luz. Vive en los vientos de la matriz y aparecerá. De hecho, no pudieron leer en aquel entonces. El juego era mantener a las masas descalzas e ignorantes. Había un libro. Se llama la Biblia; Traducido al inglés, significa el libro.

Fue escrito en Hebreo, Latín, Griego y algunos otros idiomas de uso limitado. Esto estaba a punto de cambiar, y este cambio convertiría el mundo en nuestro espacio vital actual.

Pero la historia muestra que las cosas cambian, y las edades oscuras de Europa estaban a punto de recibir una onda de choque. Cuando los tiempos cambian, los que están en el poder no leen las hojas que caen. Permiten que la conciencia se vuelva más sucia con el paso del tiempo. Piensan que son demasiado grandes para caer. Incluso Goliat cayó.

No entendemos que somos tanto físicos como espirituales. Cuando la conciencia humana requiere un cambio, lo logrará. Y en esta época, el deseo de los humanos en Europa fue alimentado por la imprenta. Los chinos tenían en su enciclopedia. Tomó tiempo, pero nuestro mundo Euro cambió.

La imprenta cambió nuestro mundo. Se abrió el conocimiento. Los libros de épocas anteriores, antes de la creación del Vaticano, y su club de chicos de la policía del pensamiento, fueron copiados y vendidos fuera de Europa. El conocimiento se convirtió en el nuevo juego de personas intelectuales preparadas para morir para que pudieran aprender en Europa. Y así lo hizo el deseo de vivir una vida de calidad. Descubrir el verdadero significado.

El comercio se convirtió en el juego de los pocos que tenían dinero para invertir. No sucedió de la noche a la mañana. Pero las semillas del cambio se regaron cuando los Turcos Otomanos tomaron Constantinopla, en 1453.

La élite del Vaticano y sus comerciantes y banqueros perdieron su paso de agua en el Lejano Oriente, y los turcos ahora tenían el control del Mediterráneo, así como los pasajes de agua hacia el Océano Índico.

Unos pocos que estudiaron la Enciclopedia China entregada por los chinos para sorprender a Occidente, descubrieron los mapas del mundo. Estos mapas fueron copiados a mano, y luego copiados a máquina.

Uno de los pocos que copió estos mapas lo hizo para el Vaticano. Su nombre como nos dicen fue Amerigo Vespucci. Comida para tus pensamientos; ¿Qué significa realmente este nombre? Y quien creó este mapa y lo publicó. ¿El Vaticano?

Amerigo es una palabra Latina que proviene de un nombre Alemán. Recuerda, el Vaticano controlaba la región que hoy llamamos Alemania, entonces y allí. Fue el Sacro Imperio Romano. El que Hitler llama el Primer Reich.
 El segundo Reich de 1870 fue el nuevo país de Kaiser, el nieto de la Reina Inglesa Victoria, llamado Alemania. El que decía que los Alemanes eran una raza única y especial. Y sí, la realeza de Inglaterra desde 1713 tenía sangre Alemana y un nombre Alemán. Se vuelve loco cuando ves lo tontos que siempre fuimos.

La palabra, un nombre es Emmerick. El nombre Emmerick significa dos pensamientos. Rick es el poder. Y E (A) Mer es trabajo, trabajo. ¿Sentido? El nuevo mundo, a través del trabajo y el orden vigente, sería el purgatorio para las masas que este nuevo mundo albergará para cumplir con las órdenes gobernantes del Vaticano y los comerciantes. ¿Quiénes eran los mercaderes? Los italianos de los estados de la ciudad de lo que hoy es el norte y el centro de Italia.

Vespucci es dos palabras ... dos. Ves es un recipiente. Pucchi es la familia que controlaba Florencia y el Vaticano.

Vea sus conexiones con la familia Medici de los estados de la ciudad italiana. Nos dicen que un germán copió los mapas del explorador que llamamos Amerigo Vespucci. Pero sí cree en las historias del nuevo mundo, la costa del Pacífico aún no se descubrió, y sin embargo, aparece en este mapa. Todas las mentiras para hacerle creer que las Américas fueron un mundo nuevo. No era. Las razas Chinas y otras asiáticas se establecieron aquí hace miles de años en la Tierra. Y en el sur, vivían en esclavitud. Trabajos y esclavos para los metales de platino de oro y plata.

La historia es tan importante de saber. La verdad es tan importante de desentrañar. ¿Por qué? Debido a que la historia crea el paradigma de los que tienen el control, así que cuando somos jóvenes, creemos que esta es la forma en que debía ser. Cuando aprendes que es el mismo juego que juegan los pocos que conocen las reglas de la matriz de la creación, te das cuenta de cómo se han jugado las masas de la humanidad.

Entonces, sigue esta verdad. La historia de la humanidad. No la historia latina del Vaticano. Las mentiras, por idioma, permitimos hoy a esta tripulación torcida gobernar las tierras y dividir a la sociedad. Un lenguaje que el Vaticano no usa como parte de su sustancia de lavado de cerebro de pensamientos controlados.

Los Incas eran ADN Chino. Y la palabra perú es china. Significa niebla. Y la costa pacífica del Perú es seca, con la niebla como la lluvia. Es la tierra de las líneas de Nazca. Los vi en persona, y eso cambió mi vida. Me di cuenta de que había mucho más.

Así que ahora llamados "Américas", el Vaticano, con sus conquistadores de las nuevas naciones católicas del 1400, España y Portugal, crearon su nuevo orden mundial. Recuerda, si no eras Católico, te echaban de estas tierras del Euro. El juego para eliminarte fue llamado la

Inquisición. La propiedad fue confiscada y no hubo retribución alguna.

Ahora, el juego del Vaticano era hacer del nuevo mundo la utopía del Vaticano. Esto es exactamente lo que escribió Thomas More. El Vaticano y sus pocos elegidos controlaban el estilo de vida de estas tierras del Hemisferio Occidental. No hay libre albedrío, como enseñó Jesús. No, solo había reglas de orden y control del Vaticano. Cristo hecho por el hombre, el anti-Jesús en realidad, estaba ejecutando su espectáculo espiritual controlado.

Además, tenga en cuenta que solo un Europeo nacido fuera del nuevo mundo, independientemente de sus padres, podría ser un gobernador de estos nuevos territorios mundiales. Y la patria y sus estilos de vida de control católico era el orden dominante. El juego del Vaticano era para que sus gobernantes territoriales no tuvieran este nuevo mundo como su propio espacio sagrado de nacimiento. La lealtad tenía que ser del Vaticano, pensada primero por los Europeos.

La costa del noreste de América era diferente; Fue dirigido por redes de comunidades todas casadas con la Madre Tierra. A la naturaleza. La gente de la costa norte y las áreas servidas por los ríos que fluyeron desde el Atlántico hasta el Mississippi, vivieron la vida para disfrutar y crear. Una vida de calidad. No cantidad para unos pocos. Estas fueron las Tribus Indias de América del Norte. Pero ese juego pronto cambiaría. Los Ingleses, el anti-Vaticano, se organizaron juntos después de que expulsaron a la Iglesia católica.

Los Franceses, aún controlados por el Vaticano, se organizaron después de la guerra de treinta años de 1648. Crearon los estilos de vida EuroAmericanos de América del Norte dentro del continente.
Las guerras entonces se pelearon por el control de los mares y las vías de agua internas. Los Franceses para el

Vaticano y el Reino Unido para los WASPs. Los Franceses acaban de llamar a su nuevo mundo Francia. Tenían un rey absoluto. Los Británicos, con su rey Holandés y que pronto será el Alemán, crearon tierras y señores jurando lealtad al rey y al parlamento constitucional de Inglaterra, que pronto pasarán a llamarse Reino Unido. Un parlamento de hombres llamado señores que poseían la tierra.

Nuestra nación Estadounidense se creó originalmente como colonias independientes, jurando lealtad a la patria. Básicamente, colonias para alimentar a Inglaterra y Europa con el comercio de productos, no oro ni plata del nuevo mundo. Nuestras tribus indígenas del norte no se movieron como lo hicieron las tribus del sur. Estas tribus tenían orden. Redes No jerarquías. Donde el nuevo jefe aún no era el mismo que el antiguo jefe

A pesar de que los británicos ganaron el control con sus armas, y al infligir enfermedades a la gente de la tierra, los pensamientos de esas personas están incrustados en nuestra creación como nación. Así son los principios de la Era de la Razón, así como la Ilustración. Una federación no es un gobierno central de propiedad y control. Una esencia de la vida. Jesús, de hecho, no Cristo. Jesús, mis amigos es el anti-pensamiento de Cristo. La ley superior es el amor, no el control. Sabiduría que fue sepultada; pero ahora vamos a desenterrarlo. Entonces, continuemos desenterrándolo.
Recuerda, la sabiduría crece, y entonces el conocimiento no tiene fin. Lo que nosotros como nación en la década de 1700, en términos físicos, funcionó para la agricultura y la creciente era industrial. Nuestro gobierno fue creado para ese mundo. No este mundo. Pero los principios de las personas primero deben permanecer en este mundo cambiante.
En este momento, el capitalismo no existía como una palabra. Nuestra tierra estaba basada en la sabiduría india

de la Madre Tierra. Además, el libro de Adam Smith sobre la riqueza de una nación. La riqueza es la gente.

Según el Oxford Dictionary, el término "Capitalismo" fue utilizado por primera vez por el novelista William Makepeace Thackeray en su novela, Newcomes, en 1854.

El libro número uno en la década de 1770 fue "Common Sense". Algo nuestra actual Democracia de masas perdida en la traducción.

Necesitamos el sentido común para gobernar nuestra tierra. Necesitamos seguir creciendo. Crecimiento espiritual.
Necesitamos cultivar nuestras almas. Necesitamos estudiar las lecciones metafísicas de la historia que nos dan como verdad. Necesitamos analizar lo que nos enseñan a entender: lo que se encuentra debajo de la superficie de nuestra historia enseñada para convertirnos en los humanos en los que somos capaces de convertirnos.

Islam.

¿Por qué se crea? La orden gobernante del Mediterráneo oriental en el año 622 estaba en desorden, y había una brecha que debía llenarse. Solo tribus, y robos, y la Iglesia Griega Ortodoxa que supervisa el desorden absoluto, para que puedan mantener el control.

Por cierto, la palabra mediterránea es Latina y significa tierra media. ¿Y crees que este Vaticano no sabía lo que existía en todo el mundo? Te enseñan que creían que el mundo terminaba en el Atlántico. Entonces, ¿cómo es el Mediterráneo entonces la tierra media? Es por eso que este territorio ha sido tan importante en el control mundial de pensamientos e ideas. Es la tierra media de la Tierra.

La necesidad era que su gente viva se civilizara para crear un mundo sin que importara lo material.

El objetivo era el orden social para supervisar la construcción de comunidades en y desde la arena. La religión, tal como fue creada y enseñada por un hombre llamado Muhammad, alrededor del 622 DC fue el Islam.

Escuchó al Ángel Gabriel.

Aunque se nos dice que Muhammad no pudo escribir, el mito dice que anotó los sonidos que se convirtieron en palabras y creó lo que se nos enseña que son las palabras del ángel Gabriel. Dice que esto fue creado en un sueño. Realmente fueron las experiencias que tuvo con el mundo metafísico. Creo que se comunicó con la energía del más allá llamada Gabriel.

Los cuatro Ángeles, a los que me refiero como los cuatro vientos, son Miguel, Gabriel, Rafael y Uriel. El Islam se convirtió en el instrumento de pensamiento para crear un mundo que le daría a la gente el orden social de su época para detener las guerras de las tribus que luchan por el control de la Península del Sinaí, así como la tierra que llamamos Mesopotamia.

Gabriel fue la inspiración en las religiones abrahámicas, que yo llamo Hebreas, o hoy Judíos, las de Judea, que era el nombre que los Romanos llamaban a los que se rebelaron contra sus planes tributarios Romanos. Rafael es el Arcángel, que aparece y sirve como mensajero de Dios. Es Gabriel quien se le aparece al profeta Hebreo, Daniel, para explicarle a Daniel sus visiones.

La religión Islámica se basa en las tradiciones Hebreas de cómo tener una sociedad justa. Eso es con una excepción importante. Esa excepción es que la religión creó un orden social para proteger a las personas de otras personas que vivían con esta nueva tribu religiosa. Esta religión creó un orden social de reglas y control para más que solo Dios.

Creó el camino de la vida y justificó la guerra cuando la tribu fue atacada, y se le impidió hacer su versión de la obra pacífica y amorosa de Dios aquí en la tierra.

Un mundo para que el pueblo de Dios viva en el desierto de lo que llamamos Oriente Medio, en paz en el siglo séptimo.
Las cosas cambian, y esta religión con su nuevo orden social salió e intentó conquistar su mundo conocido con este nuevo orden social. Fueron a la guerra durante los últimos doce siglos con las reglas y el orden de la Iglesia Católica y su Cristo, no el hijo de Dios, sino Cristo el gobernante de este universo católico autoproclamado.

Hoy en día, el mundo Cristiano todavía está en guerra de pensamiento con el mundo islámico. En nuestro mundo de supuestas tradiciones cristianas, en línea con el Dios Justo del universo, se nos enseña a temer a la raza religiosa que llamamos Musulmanes.
Pero, ¿qué es un Musulmán en el Medio Oriente? Un humano vivo secular. Un Musulmán es una persona de la ciudad. Un Árabe es uno de las regiones desérticas, y un Moro es uno del mundo agrícola del norte de África.

Estudie la historia, la historia reciente y vea cómo las naciones Euro Cristianas han tratado de poseer y controlar estas tierras. Hemos invadido e interferido sin parar en los gobiernos locales de estas regiones. ¿Por qué? Dos razones. Para el oro negro llamado petróleo, y rutas marítimas de comercio hacia y desde el Lejano Oriente.

Hoy, sin un propósito más elevado que las posesiones materiales, nosotros, los descendientes de euros, hemos declarado en nuestras mentes que la islamización de nuestro mundo es la mayor amenaza para nuestra paz en el orden mundial. ¿Por qué? Porque los que tienen el control perderán su juego material. Permitirá que cada comunidad compita como lo hacemos en la Copa Mundial de Fútbol / Fútbol. Que gane el mejor orden social, y luego juegue de nuevo en un campo de juego parejo. ¿No es eso lo justo y correcto?

¿Cuál es la forma correcta de vivir? ¿Cuál es la forma correcta de tener una sociedad global real?

No está permitiendo que nuestra nación se convierta en los ladrones del mundo para un orden social empresarial. Especialmente cuando mienten y dicen que esta orden está haciendo la obra de Dios.

¿Pregunta? ¿De quién Dios le dio a alguien el derecho de matar y mutilar? No hay ningún Ángel, solo un Ángel creado por el hombre que habla por Dios, y nos dice que borremos a esta población de personas como nuestros iguales.

Un pensamiento simple para que ustedes se respondan a ustedes mismos. ¿Creemos realmente que todo el Islam está tratando de apoderarse de los Estados Unidos o, en realidad, de Europa?

¿Hay fundamentalistas del Islam que deseen acabar con nuestra interpretación de la sociedad de propiedad colectiva ante Dios? La respuesta es sí. ¿Pero son más una amenaza para nuestro mundo que el orden que estamos creando en nuestro mundo? Un mundo sin orden moral. Un mundo a punto de crear una forma de fascismo del siglo XXI.

Amigos, a eso nos dirigimos, y las hojas de té están a nuestro alrededor para comprender, lo que nos estamos haciendo a nosotros mismos por elección. Ahora somos la democracia de masas.

La Democracia de masas no funciona. ¿Qué es la Democracia de masas?

La Democracia de masas, realmente una democracia loca, es cuando las empresas, con fines de lucro, poseen y controlan los medios de comunicación, así como la educación de nuestras masas. De nuevo, tienes democracia en masa. Estamos realmente fuera de control de nuestro corazón. Vivimos en la mente que otros crean a partir de este juego: el control del pensamiento.

Ahora en la década de 1930, esta era una situación que luchamos para salvar la democracia. Así es como los nazis tomaron el control. Pusieron negocio tipo pac-man antes que el individuo. La razón era que los negocios, en su mente, en ese momento, eran más importantes que las personas.

Arcángeles: barra lateral

Los otros Super Arcángeles de ese mundo tienen los siguientes deberes para Dios y comunicarse con aquellos que eligen escuchar sus energías. ¿Creo esto? ¡SÍ!

Arcángel Miguel: Miguel es el representante de la Tierra de la energía de la fuerza de Dios que lo abarca todo. Es con Michael con quien se puede hablar en ese espacio metafísico especial y obtener la fuerza para defender tu fe, siempre y cuando tu fe esté en línea con el amor de Dios.

Michael es quien Constantino vio cuando vio la bandera blanca con la cruz roja y derrotó a su co-emperador a principios del siglo IV. Después de esta unificación del Imperio Romano, Constantino usó a Miguel como su guía para crear la verdadera religión, a la que llamó católico. Una palabra que se traduce al inglés como verdadero.

El significado Hebreo para Miguel es "Quién es como Dios". Mi punto es que todas estas tres grandes religiones anteriores están basadas en las mismas tradiciones y mitos del hombre común.

Estos Ángeles no tenían rostro, así que los católicos crearon a su dios a imagen del hombre y lo llamaron Dios, Cristo. Ellos ponen una cara en el amor.
Cuando tienes una cara, pierdes la imaginación y pierdes el amor, porque la cara se convierte en tu controlador. No hay rostro en las otras religiones. Solo ángeles de energía que hacen que las cosas sucedan.

Arcángel Rafael: Arcángel Rafael es el sanador supremo del mundo de los Ángeles. Aparece en la Biblia, al igual que Michael y Gabriel. Su nombre significa que Dios sana en Hebreo. La función principal de Rafael es ayudarlo a sanar en todos los asuntos relacionados con su salud física y espiritual. En el mundo católico, él es San Rafael, el patrón de la curación personal, los viajes físicos y las relaciones entre las personas. Un verdadero casamentero.

Arcángel Uriel: Arcángel Uriel significa que Dios es mi luz. Uriel suele ser el cuarto ángel de los puntos católicos. Uriel es el ángel que propaga la sabiduría de Dios. Ve a tu espacio metafísico especial y pide la sabiduría de Dios, y la voz que puedes escuchar, si no es Dios, es Uriel.

En el mundo espiritual angélico del mundo Judeo-Cristiano-Islámico, podemos aprender de cuatro súper ángeles. Los ángeles que se comunican con nosotros por Dios, el último creador de todo, y su hijo, el creador de nuestro universo, la energía que los Cristianos llaman a Jesús el hijo de Dios, ya quien el Islámico reconoce como un super Profeta.

Todas estas religiones están basadas en comunicaciones metafísicas. Pero este conocimiento sagrado es ahora conocimiento secreto. Nos enseñan que el mundo físico es todo lo que importa, y aquí, en lo que llamamos el mundo occidental, el mundo físico es material. Vivimos en el pecado de Mammon antes de vivir con Dios. Y eso, amigos míos, es lo que debe cambiar, o nos extinguiremos, como todas las bestias que controlaban la tierra antes que nosotros.

Antes de irme del mundo islámico, un rápido estudio está en orden de la forma en que funcionan las naciones con petróleo en la Península Árabe. Su religión es su orden de gobierno. Están en guerra por su interpretación de cuál es el camino correcto para regresar a su Profeta Muhammad y su mensaje de Dios.

Los Chiítas y los Sunitas. Ese es su propio desorden social. Dios no hace reglas. El hombre hace El hombre establece las reglas para mantener su visión única de su interpretación de Dios como la única interpretación.

Las tierras con los reinos gobernantes, como Arabia Saudita, Kuwait y Emiratos Árabes Unidos, tienen reglas para mantener a la gente en línea. Tienen un orden social donde todos tienen atención médica. Todos tienen educación y todos obtienen una parte de las ganancias del petróleo. Pero todos deben respetar su orden de gobierno.

El otro problema para el orden mundial cristiano es que un islámico no puede pedir dinero prestado con intereses, a diferencia de la sociedad.
Si entablas negocios con ellos, su religión como Jesús, el Profeta Islámico, no Cristo, dijo él mismo, no te permite pagar un cargo adicional. Puede obtener dinero y hacer negocios, pero usted, como persona y como sociedad, no puede pedir dinero prestado y pagar los intereses, si usted como hombre no tiene beneficios. ¿Es por eso que los Cristianos odian esta religión? ¿Porque no incurrirán en deudas personales y luego se convertirán en esclavos de esa deuda? Piénsalo.

La Columba de las colonias de Estados Unidos

¿Cómo cambiamos? Bueno, veamos qué cambios hicimos aquí en los EE. UU. Desde que nuestros Padres Fundadores crearon el juego de mesa de la tierra viva llamado Estados Unidos de América.

¿De qué se trata este documento conocido como la Declaración de Independencia, firmada por nuestros padres fundadores de 1776, realmente? ¿Por qué nuestra capital se llama Washington, el Distrito de Columbia? ¿Qué es una columba? ¿Cuál es el sueño de la América de nuestros Padres Fundadores?

Como leyó anteriormente, el Vaticano en 1400 estableció el desarrollo de las Américas, donde los minerales fueron encontrados por otros en el suelo. Además de encontrar la Fuente de la Juventud en algún lugar de la Florida de hoy.

Su objetivo era obtener el oro y la plata y luego crear su paraíso en este nuevo orden mundial. Haz que los conquistadores vengan al nuevo mundo en busca de su El-Dorado. Luego, la tripulación asesina se quedará, reproducirá y servirá la nueva orden de gobierno del Vaticano. De hecho, dijeron que llamemos a América Latina, por lo que declaramos estas tierras como nuestras, aunque nadie más que nosotros y con la jerarquía de la Iglesia Católica hablará la lengua secreta del latín. Este fue el plan de juego para establecer y tener su utopía, donde son atendidos por todos los demás.

Luego, con este oro y plata, la Iglesia Católica crearía la sociedad que llamaron el Nuevo Mundo. Serían dueños de nuestra conciencia porque nunca aprendieron las lecciones del Rey Midas. Pensamientos inconsistentes de propiedad para controlar.

Este nuevo mundo fue creado por las palabras clave de Cristóbal Colón. No un hombre sino una visión. Un nuevo paradigma del orden social católico. Control social de las masas.

Columbus, como escribí anteriormente, en inglés, traducido al latín, se refiere a una Columba en latín. Una paloma entonces que era un mensajero que se pone en vuelo como portador de un mensaje.

Los tres barcos, que se llaman Santa María, Pinta y Niña, fueron los portadores de la "paloma" del mensaje de Cristóbal Colón, en latín traducido al inglés, significa el portador de Cristo.

La pregunta entonces es ¿cuál de Cristo? ¿De quién es Cristo? La respuesta fue la iglesia Católica Cristo. No Jesús, sino su gobierno hecho por el hombre Dios, Cristo.

La cara que vemos como Cristóbal Colón está maquillada. No hay imagen hecha mientras estaba vivo. Ni pintura ni escultura de la imagen viva del hombre. Pero había un hombre que capitaneaba estos barcos.

En España, hay historias sobre el capitán que se llama Pedro Scotto. La multitud española consiguió la tripulación y puede haber financiado parte del viaje. Si lo financiaron en absoluto, lo hicieron en colaboración con la Iglesia Católica y la familia bancaria Medici de esa época.

El gobierno de la Iglesia católica que hemos estado llamando el Vaticano, y así continuaremos esa terminología, con su marinera de tierras en la Península Ibérica, que hoy llamamos España y Portugal, dividió la propiedad del nuevo mundo entre esas dos naciones Ibéricas. La Península que los Romanos llamaron Hispania, son las tierras que conocemos como Haití y República Dominicana. Portugal consiguió el este, y España obtuvo el oeste. El punto divisorio es Canarias.

Más tarde, Holanda, Francia e Inglaterra se involucraron en la exploración y el comercio de artículos preciosos, que Europa quería y necesitaba. Los tres pelearon por quién controlaría las masas Norteamericanas. Los ingleses ganaron esta batalla en la década de 1700. En 1688, el parlamento inglés contrató a William de Orange, parte de Holanda, y a la hija del Rey James, Mary, para que fueran el Rey y la Reina, pero sus hijos no podían heredar el trono. Eso era reglamentario: guardado para Anne, la última hija viva de Santiago II, El Católico, de quien se deshicieron los Británicos. Luego siguió la dinastía alemana, que hasta el día de hoy aún enfrenta el Reino. No puedes vencerlos ni contratarlos. Y con esta victoria llegó su orden social dominante.

La Declaración de Independencia es la única vez que el hombre, como grupo, creó un país. Es una declaración de su nuevo paradigma. Una tierra de iguales, diciendo que crearemos una tierra de vida y libertad para todo lo que reconocemos como humano pleno. Y esta tierra será el lugar donde todos pueden buscar la felicidad sin reino ni Papa. Ese fue nuestro mensaje. Esa fue la nueva Columba de nuestra nación. Y esa es la razón metafísica por la que elegimos el distrito que alberga nuestro Capitolio como el Distrito de Columba, escrito en inglés como Columbia, para que aquellos que conocen el conocimiento sagrado, ese sea nuestro mensaje.

Una tierra en la que intentaremos convertirnos en aquella en la que todos puedan tener vida con libertad y buscar la felicidad. Eso está bajo nuestra regla. Nuestro sueño que vendimos al mundo. Un sueño que el mundo cree, y creo que podemos hacerlo. De ahí este libro.

Comenzamos nuestra tierra como una federación. Una tierra donde no había jerarquía de gobierno. Era una Federación. En esencia, 13 redes llamadas estados, acordaron trabajar juntos como iguales y proteger a su gente de la invasión de otros

El decimocuarto era Vermont, pero eran Católicos y aún no habían sido invitados a esta regla del Euro del Norte. Eran su propio país entre 1777 y 1791, cuando Vermont se unió a la Unión como estado 14. Pero la Federación tenía un problema realmente grande. Sin clientes. Solo ellos mismos buscando venir y tomar lo que pudieran. ¿Y por qué ese problema?

El problema era que no había una única voz autorizada central, una voz que tuviera el control de la organización y que pudiera hacer compromisos en los que otros pudieran confiar cuando se hacen promesas y se necesitan soluciones.

En los negocios, un mercado abierto de iguales no construye un terreno en el que los forasteros invertirán para su beneficio personal. Así, 13 años después de la Declaración, creamos un gobierno federal para brindar bienestar y seguridad a la salud de sus personas y, en menor medida, que aún no estaban calificados para ser ciudadanos de pleno derecho.

Es importante recordar que nuestro gobierno actual fue creado para proteger a las masas, originalmente una nación de la agricultura, así como para fomentar el desarrollo de la industria y el comercio con el mundo europeo que existía en ese momento. El norte copiaría pronto a Inglaterra y se convertiría en el hogar de la nueva tecnología de la revolución industrial. El Sur quedaría agrario.

Nuestro nuevo mundo era ahora un mundo que ya no estaba gobernado exclusivamente por la Iglesia Católica. Como Europa se industrializó, las religiones de la región cambiaron. Ahora había una religión en competencia. Uno que no tenía espina dorsal espiritual. Se trataba de vivir en el mundo físico. Se trataba del aquí y ahora. Es lo que llamamos las religiones protestantes. Sin jerarquía, cada persona descubrió su propia versión de Cristo.

Cuando dejas de vivir de la tierra, te olvidas de las maravillas y de las lecciones vivientes de la naturaleza. También pierdes el espíritu metafísico de la vida en la jungla urbana. Hoy, como nación, hemos perdido las maravillas de la naturaleza y esto debe cambiar, o la Tierra cambiará, y vamos como una especie a la categoría de eliminar. Perdimos el lado espiritual de la vida. Somos animales que vivimos y morimos para acumular todo lo que no necesitamos, pero somos lavados para querer a costa de nuestra alma.

Nos hemos convertido en una nación industrializada que adora los avances tecnológicos, que a su vez nos esclavizan aún más. Verdad. Y la ciencia, no tenemos el dinero para invertir en la creación. Tenemos el dinero para mentir y sobornar a los que dicen que esta es la necesidad, no hay nada mejor que lo que ya tenemos. Afortunadamente, hay muchos vivos que están fuera de la ley de la injusticia, y aún persiguen la verdad por la conciencia.

Cuando fuimos creados, como dije anteriormente, se suponía que éramos la tierra sin reino ni papa, --- la Constitución de 1788/89, pero los hermanos WASPs grandes que controlaban las masas crearon un gobierno de tres ramas de ramas iguales para ellos, con El sueño para todos los demás que esta tierra podría ser para todos.
Todo con controles y balances para evitar que nuestra tierra se convierta en una gran jerarquía controlada por el pensamiento, o en realidad un gobierno que podría legalmente atar y detener el cambio.

Y este control de pensamiento de los Estados Unidos del siglo XVIII todavía está en control. En realidad, tenemos personas que dicen que la Constitución es sagrada y que no puede interpretarse para los ciudadanos vivos del siglo XXI.

La esencia es para todos, los gobernantes y las legislaturas son para unos pocos. El gobierno debe ser devuelto a las esencias. Se puede hacer. Vamos a hacerlo.

Necesitamos cambiar este paradigma. Nuestras leyes del siglo XXI deben romperse, o nos convertiremos en esclavos de los pocos que vivirán de nuestra energía de trabajo hasta que la tierra se libere de nosotros.

Darwin está equivocado, como nos enseñan. Se nos enseña que solo los más fuertes sobreviven. Eso no es verdad. Sigue la luz. Elige a Dios como nuestro amigo y padre de por vida. Deje que Dios inspire, como Dios dijo para ir a crear, pero nunca dijo que matara y mutilara. Debemos dejar de matar y mutilar a la Madre Tierra, o no tendremos nada que arreglar o conservar.

Solo los más sabios sobreviven, y los sabios ven y los sabios están en contacto con ellos, quien quiere que todos nosotros sobrevivamos y vivamos la vida en este cielo físico, la tierra estaba destinada a ser.

Algunas preguntas para todos nosotros. ¿Quién tira de nuestras cuerdas? ¿Quién nos hace actuar? ¿Quién escribe la obra de nuestras vidas? Las respuestas, creo, son las siguientes.

Los directores de la obra, que yo llamo la vida, son los espíritus de la matriz, que viven y respiran pensamientos e ideas en nuestras gargantas como un entrenador que juega a la ofensiva y la defensa también, en los juegos de fútbol que vemos y amamos en nuestro orden mundial actual. diversión. Los hombres que llevan nuevos trajes de gladiador se golpean entre sí para hacer que una piel de cerdo cruce una línea de gol a pie, tanto en el suelo como en el aire.

Los Estados Unidos de América

Democracia masiva

En el año 2020. Tenemos dos caminos. Uno está en la luz, o dos, para permanecer en nuestra oscuridad. Las sombras que los demás nos lanzan para mantenernos trabajando y esclavizando a unos pocos, ya que viven de ti.

Preguntas que hacemos y nunca recibimos una respuesta. Tenemos una nueva crisis que nos hace perder nuestros pensamientos. Tenemos nuevos miedos. ¿Alguna vez ha preguntado por qué los tiroteos masivos en nuestra tierra producen noticias durante unos días y luego desaparecen?

Enviemos esta pesadilla viviente al cementerio. Seamos la nación más grande de la historia. Donde cada hombre y mujer puede ser el rey y la reina de sus sueños, ya que hay suficiente para todos.
Necesitamos comenzar esta sección para hacerle saber que compartiré con usted mi conocimiento de lo que los pocos nos están haciendo. Compartiré esta visión con ustedes. Compartiré con ustedes mi propio conocimiento sagrado detrás de las definiciones de palabras, que se han convertido en símbolos para nuestra sociedad actual. El conocimiento está oculto para todos nosotros, por lo que nos conformamos y permitimos que otros posean y controlen nuestras horas de respiración aquí en la tierra.

¿Qué es la libertad? ¿Cuál es el costo de la libertad? ¿Cuándo peleas por tu libertad? ¿Es solo cuando no tienes nada más que perder? ¿Qué tienes miedo de perder? ¿Quieres vivir tu vida de rodillas? Suplicando y solo diciendo por favor? ¿O vive tu vida con la confianza de saber que no fuiste hecho para ser el número de alguien?

Eres único, especial y extraordinario y debes protegerte a ti mismo como a los demás. ¿Por qué? Porque todos merecemos la vida con justa libertad y la capacidad cuando estamos listos para perseguir nuestros sueños.

Creo que la libertad es donde puedes vivir tu vida con un gobierno justo que te represente a ti, al individuo y a nosotros, a la comunidad. No los estatutos de las leyes, sino la comprensión y el alivio equitativo para los vivos mientras viven.

En caso de duda, la comunidad siempre debe ser lo primero y lo más importante. Cuando la salud y el bienestar de la comunidad se ponen en peligro o daño inminente, debemos proteger a la comunidad.

Cuando la sociedad que hace negocios es el peligro y la gente quiere el
El comportamiento para terminar, luego la prueba para descifrar o moverse, debe ser lo siguiente: ¿qué hace la conducta al negocio individual y al conjunto de nuestra sociedad? Es una escala de moralidad que debemos pesar. La sociedad debe ganar.

Nuevamente, el sistema legal debe basarse en la equidad, no en los estatutos, que prescriben un comportamiento basado en el pasado y sin considerar el cambio de circunstancias que ocurre en la vida física. El alivio equitativo es la clave.

Cuando estudies la historia real de la humanidad en forma de comunidad, aprenderás que las civilizaciones fallan no porque tengan que hacerlo, sino porque la élite dominante no prestó atención a los cambios en nuestra conciencia como especie, debido al cambio de las circunstancias de la vida. sí mismo. O la élite hizo todo lo posible para

proteger sus propios intereses individuales a expensas de la
todo. ¿Recuerdas la frase, "que coman pastel"? Bueno, los franceses lo hicieron, y así comenzó la revolución Francesa de los años 1780 y 90.

¿Qué es la vida en un mundo metafísico?

Vivimos en un mundo meta/ físico. Está oculto de nosotros, las masas. Intencionalmente, debo agregar. El objetivo, de aquí en adelante, es abrir los ojos para que podamos decir que estamos locos como el infierno y no lo vamos a tomar más.
El juego ahora es iniciar el camino de regreso a la realidad para todos los que viven en el mundo metafísico, no sólo en el mundo material.

La vida en el mundo metafísico, para empezar: es uno donde las posesiones no son las más importantes, ante todo. A lo que la Biblia se refiere como Mamón. No puedes tener dos metas de aspiraciones en la vida. Tu elección. Es vivir primero con Dios, o vivir con posesiones primero. No ambos. ¿Y puedes tener a Dios y las posesiones pero matar y mutilar y vivir una vida de rodillas pidiendo perdón o pidiendo ayuda? La vida equivocada.

El objetivo de la vida es vivir la vida como un angel lo mejor que puedas. Es intuitivo. Tenemos las herramientas. Y los ancianos de cada sociedad deben ser el entrenador para ayudar a los jóvenes a entender el juego de la vida física y mental. ¿Cómo usar tus herramientas no sólo reaccionar a tus impulsos?

La educación es clave. La educación hoy se ha convertido en todo acerca de las posesiones. La vida espiritual se ha ido adiós. Necesitamos educar a todos sobre cómo es ser una persona en contacto tanto con el espíritu como con la naturaleza física. ¿No son solo tus grandes juguetes de posesiones y qué? Honra a tu madre tierra y al padre Dios.

No destruyas la tierra para que puedas vivir sin tener en cuenta a otros humanos, así como a toda la materia viva.

Cuando el concepto de nuestra democracia actual se creó en la Era de la Ilustración, el objetivo era copiar Atenas y difundirla desde allí. Gracias a los árabes, se redescubrieron los libros de Sócrates, Platón y Aristóteles. El intento del Vaticano de ocultar las verdades universales quemando libros y controlando el conocimiento del mundo antes, el Vaticano fracasó.

Además, la historia de la creación física del hombre está enterrada en las arenas del tiempo de la tierra. Cuando miremos, descubriremos las piezas de los tiempos anteriores del hombre aquí en la tierra. Solo tenemos que estar dispuestos a aprender, ya que nos damos cuenta de la Columba de esas piezas.

Sí, has leído bien. La Iglesia Católica, en su pasado, comenzando en 392 AC, en la ciudad de Alejandría, solía quemar los libros que enseñaban la razón. La filosofía estaba prohibida, ya que te hacía cuestionar las jerarquías que controlaban tu vida. Entonces, los Jesuitas, la fuerza policial de control de pensamiento del Vaticano, comenzaron a prohibir los libros porque abrieron sus mentes. Los Jesuitas sabían la verdad, pero no se te permitía saberla, ya que no estabas listo, afirmaron.
Pero en esta edad de 1700, la razón, no sólo la democracia era su objetivo. La democracia fue su concepto en crecimiento, sin fronteras, para vivir en la tierra con un lado espiritual en tu vida. Lo que Jesús, el hombre, enseñó, y lo que Cristo Católico hecho por el hombre negó.

Sin embargo, tenemos muchos que dicen por qué hacer el cambio. Cambie un documento que fue para los hombres de WASPs en su mayor parte, que era dueño de la propiedad cuando estaba escrito. Un documento que funcionó para dar el voto a los blancos permitidos solo para un puesto legislativo.

Vayamos al aquí y ahora.

Somos una conciencia meta / física. Espiritual y físico combinados. Este libro te explica esta verdad universal.

El problema con el lado espiritual de nuestra existencia actual es que vivimos en la era de la ciencia y su tecnología hermana. En este mundo, los fantasmas y los espíritus no existen. Pero aún así, la ciencia no puede explicar físicamente con una comprensión completa de cómo el ser humano razona y se mueve. Hacemos encuestas, ¿y adivina qué? No son precisos. Intentamos arreglar los resultados, y eso tampoco funciona.
¿Por qué? Porque la ciencia de la prueba física documentada nunca puede cuantificar los instintos que hacen que el hombre consciente cambie los patrones. Los deseos del hombre, las virtudes y los valores son una vibración cambiante.
La ciencia y la tecnología de propiedad privada de unos pocos, se han convertido en lo que rige nuestro mundo actual. Y estos dispositivos han ayudado a hacer este nuevo orden mundial.

Este es el comienzo de lo que ahora llamo Democracia de masas. Aquellos que tienen las posesiones correctas que la sociedad te enseña que uno debe tener son las celebridades y los únicos dignos de respeto. Excepto, los nuevos dioses son los que poseen la tecnología, y sus nuevos tribunales políticos reales de bufones que actúan como tontos.

Siga como entramos en lo que somos ahora. En lo que nos hemos convertido.

La ciencia se rige por un paradigma fijo que requiere datos que se convierten en pruebas concretas. Luego se crean definiciones en blanco y negro. Este blanco y negro es la ley del pensamiento físico. Sólo líneas rectas. Líneas que van en contra del círculo de la vida. Vivimos una vida de estaciones que cambia nuestra perspectiva todos los días. Pero queremos garantías, por eso vendemos líneas rectas de pensamientos.

Nuestras escuelas ya no enseñan cómo, qué o por qué. Lo enseñamos tal como es. Y dividimos la raza humana en divisiones causadas por temores con la intención de dividir nuestra cultura. Escuelas de pensamiento con 1) No hay humanidades. 2) No hay art. 3) No hay cultura.

Esto me lleva a definir la cultura. ¿Qué es cultura? La cultura es lo que crea una civilización humana. Una civilización que crece. Ninguno de los vampiros que controlan a los zombis de las Jerarquías Despóticas de propiedad y control, las Edades Oscuras.

Cuando la cultura se detiene, también lo hace la sociedad. La globalización de la ciencia y la tecnología debería haber abierto el intercambio de cultura y nos hizo mejores a todos. He pasado mi vida aprendiendo y compartiendo culturas de todo el mundo.

Pero hemos fallado a la humanidad del futuro. ¿Cómo? Pregúntese: ¿es este el mundo en el que quiere que crezcan sus hijos y los hijos de sus hijos?

¿Podemos cambiar?

Sígueme. Yo digo que sí, pero no es fácil.

Aquí está el fallo actual.

Lo que sucedió es un negocio masivo no regulado, y el negocio de las ganancias en papel sin ningún control para detener el comportamiento de los vampiros nos ha convertido en una nación sin moral. Todos somos sobre posesiones.

Hemos hecho de la educación escolar todo sobre la opción múltiple.

No hay razón. De nuevo, no hay moral. Nada más que cómo hacer trabajar para ganar dinero. Y aquellos que se hacen grandes siguiendo a los líderes y haciendo lo que se les dice se convierten en nuestras celebridades y en quienes seguimos.

Hice y trabajé con tantas celebridades de los 70 como cualquier persona que aún esté viva. Declaración audaz y verdadera. Estoy disgustado por lo que ayudé a hacer a la sociedad. Mi libro, Gods, Gangsters and Honor, tiene que ver con esta verdad.

Estas celebridades no son diferentes a ti, excepto que estás convencido de que son mejores que tú. La verdad es que muchos saben que no lo son y no pueden vivir la mentira. Es por eso que, en lugar de consumir drogas y bebidas, las drogas y las bebidas las consumen, y la vida termina más rápido de lo que debería.

El trompismo es la América de hoy. El trompismo es más que el rostro de donald trump. Mira la elección que teníamos corriendo contra Trump. Nobodies? Meta / físico deficiente de almas perdidas. Solo ladrillos en la pared de un sistema muy roto de pensamientos y controles. Zombies trabajando para el Fondo Monetario Internacional (FMI), y aquí en los EE. UU., La Reserva Federal. Mantener las ganancias en papel y las personas endeudadas es el juego de ganar aquí en los EE. UU.

Ahora es el punto medio entre la democracia de masas y el fascismo. Fue creado por la danza viva de los partidos Republicano y Demócrata. Ambas partes crearon una nación que responde a los anuncios. Sí, anuncios. Te dice qué hacer y cómo hacerlo. Te da la opción sin razón.

El trompismo es el juego final de la democracia de masas, y también es la razón por la cual nuestra nación, aquí en los estados, necesita una revisión del siglo XXI. Tal como dijo Thomas Jefferson, cada generación necesita su propia constitución.

Democracia de masas

La democracia de masas es en lo que nos hemos convertido. Y el fascismo está a un día de distancia, porque el fascismo se alimenta de la energía de las masas. El fascismo ha llegado a América a través de la democracia. El hermano mayor está al acecho en nuestro patio trasero. Trump es el líder de este nuevo movimiento por el momento debido a su fama de celebridad. Será reemplazado. O volvemos a la democracia real o seguimos moviéndonos de la Democracia de masas al fascismo, y luego terminamos el juego del despotismo con la violencia de masas.

¿Qué es la Democracia de masas? ¿Cómo nos pasó esto a nosotros?

Hay una vibración de pensamiento que existe en todas nuestras mentes. Una vibración de miedo. Una vibración que nos hace actuar sin moral y como bestias. Simplemente actúa como todos los miembros del reino animal. Es un acorde en el piano de nuestros pensamientos, y cuando tocamos, nos hace perder nuestra conciencia de ángel de la humanidad.

Si el miedo es nuestra cultura, hemos perdido el juego de la vida. Ahora vivimos en una caja de miedos hechos por el hombre que son como agujas en nuestros lechos imaginarios de dolor.

La cultura es mamón o espiritual. Si espiritual, la cultura te enseña sobre la evolución de la condición humana durante el paso del tiempo. La cultura del espiritismo se basa en la sabiduría. La cultura de la sabiduría es canción, danza, poesía, pinturas, novelas, filosofía, incluso teología, también. Son todas las artes y las reinterpretaciones de la historia tal como la humanidad la ve cuando se escribe la historia. En el presente, no solo vivir el pasado.

Debido a la falta de cultura en crecimiento, tiene una receta para el regreso de la era actual al fascismo. Ya no tenemos valores como los principales pilares de la sociedad que van hacia la bondad y el crecimiento del espíritu humano. No, nuestros valores son todos "Quiero lo que tienen".

La búsqueda de la felicidad es la clave de nuestra declaración de 1776 al mundo, y nuestro creador. Es donde se suponía que el espíritu humano debía crecer. No donde creamos un terreno para que unos pocos ganen y eso controla nuestra felicidad con deudas a una industria bancaria que solo circula nuestra propia moneda de papel. NECESITA PARAR!

Por favor recuerde que un banquero por oficio es realmente un trabajo de contador. No es apostar o invertir su dinero. Ellos son para proteger sus fondos. ¿Consíguelo? No, no lo haces. Les damos la energía para creer que son los amos de nuestro universo. ¿Cómo? Somos un grupo muy codicioso.

Los banqueros Hacen lo que les enseñan, y se lo dicen. Son los esclavos bien pagados de los pocos que controlan la distribución de la moneda que utilizamos para vender nuestro tiempo o productos que necesitamos o queremos jugar el juego físico de la vida.

¿Por qué se les da una posición en la vida más alta que los héroes reales de nuestras vidas, nuestros policías y bomberos? Quienes trabajan en las salas de emergencia y salvan vidas. No robarte y engañarte para que compres lo que no necesitas. O conseguir que usted compre, para que ellos, los banqueros, puedan salir de su posición de vender acciones o bonos, así como bienes inmuebles, también. Con demasiada frecuencia tenían lo que acabas de comprar.

Si bien no soy un predicador, veo cosas por lo que son sus valores intrínsecos. ¿Ayudan nuestros movimientos al individuo y al conjunto de la sociedad? ¿O simplemente el individuo? Necesitamos los dos, o perdemos la democracia.

Así que hoy nuestra América en verso es el siguiente mundo:

"Una nación donde las personas se unen al club, se visten igual, dicen lo mismo, envían a sus hijos a la escuela para aprender las nuevas reglas de oro, ganar dinero, no arte. Cuando tienes el dinero, te conviertes en rey y eres adorado por otros a quienes los medios de comunicación enseñan que necesitan para crecer y ser exactamente como tú. Las mismas escuelas, los mismos clubes, el arte del consumo, no es alimento para el pensamiento. Pero comida para mantenerte dormido al volante de la vida. Somos una nación de ovejas ahora en piloto automático ".

Los medios no son neutrales. No, los medios de comunicación son los medios por los cuales los pocos ganan el control de nuestras mentes. Los medios de comunicación incluso nos hacen ver al público como miembros de los dos clubes, conocidos como el Partido Demócrata y Republicano. Hoy, ambos trabajan para el mismo sistema bancario independiente que distribuye nuestra moneda por una tarifa.

Los banqueros y los medios de comunicación y nuestros grandes ejecutivos corporativos también, así como nuestros políticos, se visten igual. Pero nadie los ve como el punto de venta de interpretaciones de la vida que se venderán sobre cómo somos los Estados Unidos, los grandes, y el resto del mundo está debajo de nosotros. Somos los amos de nuestro universo.

Las redes de medios, que tienen personalidad pública, tienen los mismos cortes de pelo para niños y niñas. Son diversos en el color de la piel o el sexo sólo para tener fichas. Los medios de comunicación se han convertido en humanos stepford. No hay personalidades, solo repite lo que necesitamos. Incluso en los deportes, esto está sucediendo ahora. La emoción es el amor que ha sido enterrado. La pasión queda en nuestros sumideros. La verdad, los medios de comunicación nos están ayudando a enterrar nuestro amor.

Te pregunto, ¿se acabó, o no?

Estos banqueros olvidan que son uno de nosotros. Estos banqueros que apuestan nuestros depósitos, lo llaman inversión, roban al público sus pensiones y sus esperanzas y sueños. Pero cuando atrapamos a los ladrones, se nos dice que son demasiado grandes para fallar, por lo que los compramos de los delitos que cometieron. Hemos socializado sus pérdidas y privatizado sus ganancias.

Democracia de masas. Una tierra donde el objetivo es hacerte creer que la vida se trata de divertirse, siempre que eso sea lo único en lo que pienses. Para que esto suceda, necesitamos una jerarquía que permita que todas las redes de comunidades informen y les digan a los demás, se asegurarán de que esto eleva la vida y se mantenga así.

Ya no es el hogar de los libres y mucho menos los valientes. Somos políticamente correctos, lo que significa que mentimos tanto a los demás como a nosotros mismos. No tenemos el descaro de cuestionar y hacer cambios. Vivimos en las sombras proyectadas sobre nuestros cuerpos mientras las luces se apagan.
Somos conscientes, pero ladramos, pero luego regresamos y trabajamos para pagar a los banqueros el

dinero que debemos, llamándolos DEUDAS por dejarnos vivir en esta nación, una vez la nación más grande, que se nos ha enseñado, jamás se ha creado. Pero hoy, la mayor mentira viva del planeta.

¿Cómo llegamos aquí? Nosotros hicimos esto Sin fuerza y realmente elección. Seguimos el papel moneda. Y el dinero, como Rey y Dios, ha arruinado nuestras almas.

Y si cuestionas esta democracia de masas, eres un forastero y serás desplazado como el juego final. Los poderes en control no quieren que otros corriendo nos despierten de nuestra bella durmiente, el sueño. Necesitamos el beso de Dios para volver a vivir. El soplo de la verdad para llenar nuestros corazones y mover nuestras almas en beneficio de toda la tierra.

Pero debo preguntarte, ¿quiere Dios que nos separemos física e individualmente y tratemos de convertirnos en dioses físicos más? ¿Qué hemos aprendido? ¿Cualquier cosa?

¿Cuál es el significado original de la cultura? Viene de dos palabras. Estas palabras son cultura animi. Las palabras juntas significan el cultivo del alma. Una idea en todas nuestras tres grandes religiones monistas que la humanidad debe elevarse por encima de sus instintos animales y necesidades de las que hablamos.

Tú no mueres, mis amigos. Solo dejas el campo de juego y regresas a la matriz. Y sí, vuelves a ser un espectador. Arraigando a aquellos con quienes jugaste el juego de la vida, para que puedan tener la paz eterna y no vivir en el purgatorio tratando de volver aquí y ganar el juego de la propiedad y el control.

Yo creo en la verdad absoluta. Esa verdad es eterna. Y no externo. Lo que vemos y experimentamos, lo creamos. Necesitamos que nuestros mayores enseñen el verdadero juego final de la vida aquí en la tierra. Ese juego es vivir en la verdad, hacer lo que tu corazón dice que es correcto, día tras día. Compartir la belleza de la vida y no quitarle el alma, por lo que solo la élite puede prosperar con Mammon.

La verdad desnuda.

Quien vive como esclavo de sus deseos, emociones, miedos que se convierten en prejuicios y pierde la capacidad de usar su intelecto no es gratis, ni nunca será libre. No, no son más que una bestia de este mundo.

Cuando nada tiene valores espirituales, entonces la meta vida aquí en la tierra ha terminado. Ahora estamos listos para convertirnos en los nuevos esclavos del Faraón. Y recuerda que el Sacerdote Egipcio que corría el juego controlaba al Faraón. El Juego consiste en controlar la vida aquí en la tierra con una celebridad y su creencia: al obedecer al sacerdote, su próxima vida será mejor.

Los sacerdotes de hoy son el sistema bancario mundial dirigido por el FMI. En nuestra tierra, el cartel bancario que se hace llamar la Reserva Federal. Qué estafa; pero las escuelas que controlan nuestros pensamientos y los medios de comunicación que envían el mensaje nunca cuestionan este juego y cómo crear nuevas reglas que se apliquen al siglo XXI, no a 1913, el año en que el juego se convirtió en nuestro banco central independiente. Esa estafa de la Reserva Federal fue el delito del siglo pasado. El fin de la democracia de Jefferson.

Nuestros Padres Fundadores sabían que la gente de la nación debe controlar su propia moneda. El pecado de los padres fundadores es que no trataron con las realidades económicas de la vida. Lo dejaron fuera. La verdad sobre un banco central es que debe ser propiedad de aquellos que dirigen el juego. Nosotros, la gente, hay que enseñarnos a correr el juego. En Monopoly, el juego, lo hacemos. El banquero es uno de nosotros. En la vida, elevamos estos culos; burros que roban para los pocos siempre que puedan comer un poco también. Pinocho está en el trabajo.

Si nosotros, las personas, no controlamos nuestra moneda, entonces los que la controlan lo controlan a usted. Para mantener el control y detener a personas como yo, crean la cultura de la democracia en masa .

Donde la amenaza del peligro vive para convertirse en una agresión permanente oculta bajo los pensamientos enseñados de prosperidad.

El juego que nuestro sistema de control ahora juega. Todo un gran juego. ¿Por qué miente la gente?

La democracia de masas requiere la humanidad de masas. Donde ambos sexos creen lo mismo. La búsqueda de la propiedad, no la felicidad. Es una mentalidad. Realmente en verdad, una ausencia de mente.

Ahora, una vez que tienes un hombre de masas, y en nuestra nación, se nos enseñan los valores Democráticos o Republicanos. No nos damos cuenta de que los bancos y sus medios de comunicación nos separaron en estas dos categorías. Nosotros y ellos. Pero al final, todos somos iguales, pero ya no se nos enseña esa verdad espiritual. Los bancos dicen que son la parte neutral.

El Vaticano y su Sacro Imperio Romano, en 1648, crearon este juego cuando Suiza se convirtió en una tierra neutral. Una tierra tan neutral que cualquier ladrón podría ir y esconder sus bienes robados allí. Y así, realmente creíste que Suiza es neutral, el ejército del país protege al Vaticano. ¿Por qué? Entonces, ¿crees que la nación está en negocios con Dios? Irreal.

Esta es la tierra que cercó todas las artes y tesoros robados de los Judíos que fueron asesinados por el coro adulto llamado Hitler. El Vaticano no hizo nada.

 Solo deja que el juego continúe. Y luego comenzaron su propaganda y dijeron que no teníamos nada que ver con el asesinato. Sin embargo, se nos dice que son representantes de Dios aquí en la tierra. Entonces, Dios no les dijo a estos pocos que viven en su mundo material que detuvieran las muertes. Dios puede correr de esta tripulación. El fraude es un crimen en toda mente justa.

Aquí en los Estados Unidos creemos que es nuestro camino o la carretera. Los demás deben adaptarse, y vivimos en una sociedad que cobra por cada respiración que tomas, cada sorbo que bebes y cada pensamiento que ya no puedes tener. Cuestiona este sistema otra vez, te conviertes en un extraño.

Mass Man siempre tiene razón. No necesita más justificación.

Ahora, para tener la democracia de masas de dos partidos trabajando por el mismo control bancario, debe controlar el mensaje. Debes ser dueño de los medios de comunicación.

Cuando nuestra nación era más joven que hoy, no permitimos que una parte fuera propietaria de los medios de comunicación como lo hacemos ahora. Los periódicos, la radio y la televisión no eran un gran negocio. Eran independientes.

Comenzando con Reagan, esto cambió. Los medios comenzaron a convertirse en una jerarquía de pensamientos, y por lo tanto, el control. No hay redes independientes. Solo propiedad masiva, con el mensaje masivo. Consumir. Comprar. Pedir prestado. Sé rico y rico como estos otros que tuvieron éxito.

Los medios de comunicación son el mayor campo de entrenamiento para el nacimiento de nuevos demagogos. ¿Cómo? Bueno, los medios de comunicación te alimentan trivialidades. Es todo sensacionalismo. Realmente nada de sustancia de crecimiento eterno.

El arte del diálogo se ha reducido a lemas, todo para propaganda. Twittear es nuestro sistema escolar. No pensamientos, solo mensajes.

Y Facebook se ha convertido en el juego final, donde el consumidor es el producto. Juego interminable de control mental, donde tus pensamientos independientes son controlados y los mensajes son elaborados, por lo que irás y comprarás.

Facebook, que fue creado por unos pocos empresarios universitarios en celo, estudiantes universitarios que dirigen su propio club social de fraternidad, se vendieron a los banqueros y ahora es solo una herramienta de democracia masiva. Y estos clones sin corazón andan justificando su crimen social. Te robaron tu identidad.

La Internet. Si alguna vez algo debería estar abierto a todos y administrado por el gobierno de la gente, es Internet. Simplemente no tenemos el cerebro para hacer que se quede de esta manera.
Oímos neutralidad de la red. Eso no es libertad de acceso. Necesitamos un sistema wifi público y gratuito. Para todos. Me presenté al Congreso tratando de enseñar la mentira de la neutralidad de la red. Como no estaba en Fox ni en CNN, no me escucharon.
Internet es la herramienta de la democracia de masas. Nos ayudará a esclavizarnos. Nos convertiremos en zombies tecnológicos. Mira cómo sucede si todos nos sentamos y no hacemos nada.
Te cansas de este diluvio interminable de guerras para adormecer el cerebro, por lo que buscas un líder que lo simplifique y te mantengas estúpido. Lo queremos simple,

y lo que puede ser más sencillo que Trump. Es el héroe de la democracia de masas por el momento, hasta que los que lo controlan lo echen y tomen el control absoluto de nuestras mentes y almas.

Ansiamos la estimulación del tipo de mente vacía. Trump es el perfecto Nerón (el último emperador romano de la dinastía Julio-Claudiana) para este juego. Todo lo que hacemos es buscar una droga de algún tipo para adormecernos y permanecer dentro de este sistema de control de pensamiento. Incluso los médicos le darán pastillas para el estado de ánimo para adormecerlo para que se comporte, y no cuestione la pérdida de vidas con valores. Ninguna vida en este juego de masas se trata de acumular posesiones a costa de tu alma.

Piense cuántos de ustedes están en estas píldoras del estado de ánimo. ¿Cuántos años estás en ello? ¿Y cuál es su capacidad para relacionarse con las emociones o preocuparse por la difícil situación del prójimo? ¿Dónde estás?

Una verdadera democracia no se basa en nuestras diferencias. No, una verdadera democracia debe basarse en lo que nos hace iguales. Esa cualidad es la capacidad de todos y cada uno de nosotros, en todo el planeta, para elevar nuestras almas. Vivir en la verdad eterna. Para hacer lo que Dios mandó; Ve a crear un mundo mejor para toda la humanidad.
Entender el equilibrio que la naturaleza debe mantener, por lo que este campo de juego se mantiene como está y nos permite que nuestra conciencia viva en estos cuerpos que envejecen y se desgastan.

Otra regla de la democracia masiva es que si algo es difícil de entender, entonces es antidemocrático. Es elitista, y no para el pueblo. Las reglas de la democracia masiva se mantienen en silencio y no tienen pensamientos provocativos. ¿A cuántos intelectos se les da espacio en los canales de histeria de los medios de comunicación? Piénsalo.

Esta regla es tan antigua como la sociedad que trata de ser democrática. Incluso en Atenas, en la época de Sócrates, Sócrates fue condenado a muerte por enseñar a sus estudiantes a usar la razón y a cuestionar constantemente el status quo gobernante. Sobre su muerte, se dice que sus últimas palabras fueron.

"Si no puedo enseñar a la gente la razón, entonces este mundo no es para mí".

Cuando las películas se convirtieron en un gran negocio, el truco era agarrar a la audiencia. Las películas de gran presupuesto necesitaban una rentabilidad financiera. Aprendí bien este juego cuando estaba involucrado con películas. Grande y pequeño.

Las grandes películas debían ir al mínimo común denominador de la sociedad. Ese denominador es miedo y odio. Así, las películas se convirtieron en miedo y odio. No todos, pero los de gran presupuesto hicieron este juego.

Hay excepciones que debo compartir. Tenías los familiares, que estaban todos animados en su mayor parte.

Estas películas animadas tratan con valores espirituales escondidos dentro de las historias. Películas como Wall-E, Spirited Away & Coco (una historia del mundo metafísico) son grandes ejemplos.

Escribo esto aquí porque no hemos terminado como una raza de conciencia superior. Solo necesitamos asegurarnos de tener valores espirituales incorporados en nuestra cultura una vez más. Muy pronto. Sino…

Para obtener una audiencia de televisión, nuestros presentadores de noticias explotan el resentimiento. Promueven el miedo, no el amor, no la única sociedad de la humanidad. Nunca escuchas sobre lo que la sociedad hizo bien hoy. No, escuchas lo que salió mal, porque estamos programados para querer escuchar fallas.

Mira las noticias y escucha la parte del clima. Si está parcialmente nublado, ¿no es también parcialmente soleado? Bueno, ¿por qué nos dice la oscuridad cuando puede compartir primero la luz?

A la sociedad, aquí en los Estados Unidos, le gusta dividirse. Hay más poder negativo en los números si aprendes a dividir. Hay amor en la unión y el poder supremo del crecimiento y la prosperidad real.

Lo que nuestra sociedad ha permitido que ocurra es la división de nuestra sociedad en un súper grupo, y luego las subcategorías del resto. Nuestros poderes políticos atienden a esta división en lugar de unir a todos en una raza de la humanidad.

En varios debates políticos y mítines, mientras me postulaba para el cargo, así como para aceptar el asesinato idiota de mi hijo, repetidamente le dije a la audiencia que no queremos tener solo los derechos de los homosexuales, o los derechos LGBT.

Tenemos que tener los derechos de las personas, y las personas tienen el derecho de hacer lo que deseen en sus decisiones personales sobre cómo elegir llevar sus vidas. El gobierno tiene el deber de asegurar esos derechos.

Estoy aquí para decirle a la gente que todos tenemos los mismos derechos. Cuando permiten que los poderes nos dividan, ustedes, en la subcategoría, se han convertido en la mente de los demás en una raza menor que la totalidad. Necesitamos volver a respetarnos como iguales. Esto comienza en la escuela.

Vayamos a los Afroamericanos de piel negra. Esta es una división equivocada, también. En primer lugar, las personas de piel negra en Estados Unidos no son más Afroamericanos que yo. Si creemos en la historia de la evolución de la humanidad, como nos enseñan en nuestro sistema escolar, todos provenimos de una ancestro común llamado Lucy, que vivía en el continente Africano. Todos aprendemos, entonces y allá, somos una raza. Nuestra sociedad debe inculcar esta verdad a nuestros hijos.

Segundo, y escucha esta verdad. Los negros eran vendidos por sus familias a los traficantes de esclavos. Los negros en el hemisferio occidental tienen un problema con los africanos, ya que se vendieron como mercancía. Y esto no se ha resuelto espiritualmente, y mucho menos discutido. Y el pateador es, en 1453-1455 el Vaticano, dirigido por el Papa Nicolás, creó un toro papal que les dio permiso a los católicos para comprar a estas personas no deseadas.

Tan malo, y tan enterrado en nuestra tierra. Cuando levantemos estas verdades muertas y descartemos las mentiras, aprenderemos de una vez por todas que este sistema de propiedad y control, con el permiso de un dios, para matar y mutilar no funciona. Necesitamos un nuevo sistema.

América es una tierra de división. Caeremos, a menos que tratemos de unirnos y unirnos como un solo pueblo de nuestra tierra común.

El caso en cuestión es el músico conocido como Drake. Un hombre de piel negra de nacionalidad Canadiense. ¿Por qué no se le conoce como un Africano-Canadiense? ¿Por qué? Porque los canadienses tienen más sentido común que nosotros, y no dejarán que los pocos dividan a su país, como lo hicimos y todavía lo hacemos.

Una vez más, debo repetir, somos una raza de muchas culturas. América tiene una cultura negra. Se basa en la familia y la construcción de la comunidad. Lo sé. He pasado mi vida cultivando las artes de estas comunidades en todo Estados Unidos en canciones y bailes, además de películas ocasionales.

El continente Africano tiene muchas culturas. Todo diferente y no americano, y mucho menos negro americano. Lo sé, ya que he pasado gran parte de mi vida cultivando y promoviendo a varios artistas musicales de muchas naciones de África. Cada uno tiene su propia manera única y especial de compartir el amor y las ideas que son su lado espiritual, explicando el amor de la manera que lo sienten. Incluyendo no sentirlo en absoluto.

En la década de los 80, me nombraron "Gerente de Música Negra del Año". Crecí con atletas y artistas negros, así como con productores en mi casa. Tuve suerte. Aprendí la diversidad muy rápido.

Mi vida se convirtió en cultura pop. Experimenté la división de nuestra humanidad cuando las personas comenzaron a dividir a los negros de los blancos en los medios de comunicación y en otros lugares. ¿Por qué? El poder en los números.

Representamos a un sello musical de Filadelfia, llamado Filadelfia Internacional. Tuvieron muchos éxitos musicales en los años 70. Y me encantaron los dueños de la etiqueta, Kenny Gamble y Leon Huff. Estaba tan emocionada de poder finalmente representarlos legalmente. Mi padre fue su abogado desde su inicio.

Nunca olvidaré a Kenny Gamble diciéndome que no puedo ser la cara del equipo legal de negocios porque soy blanco. ¿Por qué? Porque la sociedad requería que contratara negros para ser la cara de la empresa. Le pregunté por qué? Dijo que era impotente.

Me enojé, pero le dije que estaba tu nueva canción. Es discriminación a la inversa. No se puede decir a las personas con quién deben asociarse. Puede ayudar a las personas a perder los miedos que todos tenemos cuando vemos algo diferente de lo que estamos acostumbrados a ver. No temer, volverse odio, y por lo tanto controlado por aquellos que pueden contener el miedo que crearon. No aceptación y crecimiento. Aprende las muchas culturas verdaderas de la humanidad. No los basados en la ignorancia.

En los años 80, mientras manejaba actos de negros, MTV se convirtió en los medios de comunicación. Una canción de imágenes ahora se reducía a un video de pensamientos unidimensionales. Las palabras ya no le permiten llegar a su propia conclusión, pero las palabras se convirtieron en una película de control comercial. Un control que era.

MTV mató las artes de la poesía y la canción. Ayudó a crear el mundo del rap gángster. ¿Cómo? Bueno, como el cable estaba entonces bajo tierra, las comunidades negras no lo tenían, y por lo tanto, MTV no atendía a una audiencia negra. Solo reproduciría videos que su audiencia blanca y próspera vería como POP. Así es como se creó Michael Jackson. Mucho dinero gastado en comercializarlo como andrógino.

Sólo un artista neutral. Le hizo su boleto de comida y ayudó a destruir a un hombre que no estaba listo para ser un Dios. Mi libro "Dioses, pandilleros y honor" trata sobre esta comercialización de personas para que sean celebridades, de modo que todos puedan alimentarse de ellos, y si los dueños tienen suerte, mueren al tratar de ser los Dioses creados por el hombre que no son.
Entonces, si está comercializando música negra en los EE. UU. Antes de que se creara Internet, ¿cómo la obtiene en televisión blanca o de élite? Fácil, ve al mínimo común denominador. Odio y miedo. Haz que los negros actúen como bestias.

Los videos de rap de gángsters creados en video han abierto una cultura de jóvenes a la violencia de pandillas y al odio hacia otros que no eran "como" ellos.

Los videojuegos conocían esta cultura en los años 90, y reemplazaron el rap gangster para la diversión de nuestros jóvenes, así como el crecimiento de la cultura de los jóvenes, o la falta de crecimiento, según nuestro punto de vista. Los juegos se volvieron fantasía y violentos. Nuestros líderes políticos cerraron sus ojos a lo que nosotros, las personas, vendíamos o compramos.

Representé a una de las mayores compañías mundiales de videojuegos. Hizo música para su película, así como también un programa de televisión. Aprendí su juego y me enfermé por eso. Manifesté mi mente, actué con mi corazón y terminé en guerra con ellos porque los juegos no tenían valor social sino dinero, enseñando qué hacer cuando tienes miedo.

En 2001, trabajé en la película "Bully", que trataba sobre una historia real de niños en el condado de Broward, FL. Estos niños matan a sus matones como lo harían en un videojuego. La historia es cómo el grupo que asesinó al matón se desmoronó cuando se dieron cuenta de que realmente mataron a alguien. No era un juego donde los muertos pueden volver con vida.

Hoy en día, los videojuegos son "propiedad" de varios ejércitos de todo el mundo. Qué gran manera de ver quién puede convertirse en el asesino programado más insensible. Los drones que matan no son más que un programa de videojuegos de acción y asesinato en vivo.

Por cierto, todo este asesinato de Estados Unidos se realiza sin ninguna protección constitucional del debido proceso. Sí, tú el acusado no conoces los cargos. No se le ha otorgado el derecho de defenderse. Tampoco serás juzgado por tu comunidad. Solo existe la muerte de un fiscal que tiene el poder de ser también juez y jurado, además de verdugo.

Los que mueren por accidente con el objetivo de acuerdo con el régimen de Trump no cuentan como víctimas. No, son daños colaterales.

Democracia de masas, segunda parte

La democracia fue creada por la humanidad, ¿quién sabe realmente cuándo, qué hacer? ¿Qué paradigma estaban tratando de crear las personas?

La democracia para crear justicia.

¿Justicia?
¿Para quien?
¿Quienes somos?

¿En qué nos hemos convertido y hacia dónde nos dirigimos en este mundo de Democracia Masiva que todos creamos, y dejamos llevar nuestras almas a un mausoleo físico del sueño?

No todos estamos dormidos. El insomnio espiritual está en movimiento. Los espíritus están inquietos. Están sacudiendo nuestros cimientos. Haciendo temblar la tierra y agitar. Lanzando tormentas de lágrimas en medio de temores de que nos estamos comportando fuera de nuestros límites acordados.

¿Yo? Estoy capeando mi tormenta. Tengo una misión. Eso es todo. Cuando termine, solo espero poder correr y jugar en esta tierra que amo tanto sin las sombras de las sombras que nuestros miedos y lágrimas han lanzado en este cielo que hemos creado: vivir nuestros sueños en forma física. Si Dios quiere.

Así que ahora, continuaré esta acusación a la humanidad actual del siglo XXI, viviendo en este nuevo mundo prehistórico. Prehistórico porque no aprendemos las lecciones de nuestra historia común para ver lo que nos está sucediendo ahora.

Extra, siente todo al respecto. La sociedad de masas se traslada al fascismo: está sucediendo. Despierta.

¿Cómo? Has entrado en el mundo de la desensibilización. Un mundo en el que nos dividimos por afiliación política, color de piel, idioma que habla, dónde nació, preferencia sexual, solo por nombrar algunas categorías.
Mira, cuando la división es el juego, ni siquiera se piensa en soluciones, y mucho menos en las que se habla. No, queremos el odio. Odio, ¿y luego qué?

Queremos ser mejores que todos los demás perdedores que no pueden llevar nuestras vidas irreflexivas a la tierra del infierno aquí en la tierra.

Para que el fascismo del siglo XXI funcione, se necesita un movimiento político que atienda a las masas que se sienten excluidos de la sociedad. Se trata de seguir al nuevo líder que no tiene un programa de personas, solo un programa basado en difundir el odio y controlarte para la nueva élite.

Esto puede funcionar cuando tenemos un nuevo culto de resentimiento. Porque solo unos pocos pueden prosperar cuando el material es el juego final. Para sobrevivir, además de prosperar, necesitas un equipo. Diferentes juegos, y Mass Democracy es un juego de la vida adormecido. Perfecto para la próxima entrada de la historia. Ambos partidos políticos aquí en América son responsables de este nuevo mundo. Y así somos todos nosotros. Sabemos mejor en nuestros corazones, no solo en nuestras mentes.

Continuemos con este ascenso del fascismo del siglo XXI, y luego les daré mis pensamientos sobre las soluciones.
Es lo que aprendí al reunirme e intentar que la gente ayude a mi Senado de los EE. UU., Así como mi candidatura al Congreso en el Sur de Florida. Experimenté

de primera mano el mundo microcósmico de todas las culturas que viven aquí en los Estados Unidos.

La democracia de masas es real, se basa en ser políticamente correcto y hacer lo que hacen las masas. Todos hacen lo que se les dice, programados para convertirse. ¿Qué?
Correr para un cargo político en los estados requiere dinero. ¿De dónde sacas tu dinero para representar a la gente? Aprendí que no es de la gente a menos que obtengan algo ahora. No, debes atender a los poderes en control, creyendo que dormirás con estas pulgas y cambiarás una vez en el cargo. Esta es una gran mentira.

Te conviertes en la pulga del poder. Mira por lo que estamos luchando. ¿La dignidad de las personas? No, dignidad de masas. No estamos luchando para que nuestro gobierno del pueblo cumpla con su obligación de brindar salud, bienestar y seguridad a todos. Estamos luchando por los copos que caen en el piso del pan que NOS creamos para que ellos los controlen y mantengan como su propio reino.

Veo esto diferente. Hablo para que veas y sientas lo que veo y siento. Nuestros representantes trabajan para nosotros, nosotros la gente. Necesitamos creer esto y vivir esto. Este es el secreto. Puedes atraer todo lo que desees. Pero hay que vivirlo para tenerlo. Es hora de cambiar el paradigma.

Así, Salud, Bienestar y Seguridad. Los tres grandes. El propósito del gobierno es proveer para todos. Usted no solo tiene esto como un derecho. No, sus funcionarios electos y sus ramas administrativas designadas, que realmente administran nuestra tierra, tienen el deber de proporcionar salud, bienestar y seguridad para todos.
PARA TODOS.

Entonces, en nuestro paradigma actual, los intelectuales conectados espiritualmente se ponen a dormir. La nación se convierte en una tierra donde los que hablan a nuestra nación se enfocan solo en el interés material. Enfócate en crear activamente resentimiento. Creyendo, como la Sra. Clinton llamó a quienes no la querían;"Deplorables".

Se acabaron los días de la década de 1960, donde pensamos que nuestra generación traería cambios. Entonces estábamos luchando por la mejora cultural y moral de la población.

El movimiento Bernie es excelente como un nuevo comienzo, pero no se enfoca en absoluto en el crecimiento de la humanidad. Se centra únicamente en cómo hacer que un paciente enfermo viva en el mundo inventado de la escasez.

Realmente creo:

"Vivimos en un mundo de abundancia y necesitamos escuchar las trompetas del espíritu que nos piden que despertemos y recuperemos nuestra moneda de la Reserva Federal, y nuestro gobierno de las marionetas de las nuevas élites, los banqueros, que controlan la globalización, diciendo esto. es la democracia de masas ".

Estamos en una cuerda floja. Nuestra nación está lista para preservar el poder de unos pocos para poseernos y controlarnos, creyendo en sus velos de tradición y orden social. Todos somos testigos de vernos en lo que nos hemos convertido. Tomemos el campo y terminemos este juego de locos.

La historia nos enseña que el fascismo funciona cuando la sociedad pierde su equilibrio. Donde no hay clase media. Las masas están listas para el cambio y se alinearán detrás del "Uno" que dice: "Yo soy para ti". Dedicaré mi vida a las necesidades reales, al interés real del hombre común. Eso es lo que suelen decir. Eso es lo que quieres escuchar. Ya no sientes. No, solo ciegamente crees.

Esta línea entre uno que trabaja para crear un nuevo equilibrio de orden social igual y uno que corre para crear el mundo más oscuro de propiedad y control, mis amigos, es muy delgada.
La democracia de masas ha terminado, y nosotros, la gente, tenemos una opción; o bien caer fuera de línea, o ser controlado con estos supuestos valores tradicionales del pasado.

Haz que nuestra nación sea grande otra vez. ¿Haciendo qué? Recrear un orden social blanco. Esta es una muy mala canción de Rap. Energía oscura.

O haga que nuestra nación gane el campeonato de ser la tierra de oportunidades para que todos vivan la vida, tengan libertad y busquen la felicidad.

Las preguntas, mis amigos, están soplando en el viento. Esas preguntas que llegan a nuestra mente son las siguientes:

¿Quienes somos? ¿Qué queremos ser?

Otra cualidad de este nuevo líder es que deben provenir de fuera del sistema político, para que puedan cambiar el sistema. Una verdadera persona de la gente, que habla su idioma, que conoce su dolor.

La religión se vuelve muy importante en este juego. El juego de la religión de masas es realmente un régimen fascista. Hoy odiamos a los Islamistas, sin importar sus intenciones. Tenemos una nación que los está culpando por todos nuestros males. ¿Qué males?
 Que otros no permitirán que los banqueros, quienes administran nuestra tierra, también administren la tierra común y la gente. Somos una nación propiedad de y

controlada por nuestros banqueros, los nuevos sacerdotes de nuestra era.

La religión es la interpretación de Dios de alguien en el pasado, reducida a palabras y frases que comparten la visión de amor que alguien más tiene, y quiere que solo sientas lo que ellos consideran la verdad eterna.

La gente que no creía en la religión pero creía en Dios, hizo nuestra nación. Sintieron, y estoy de acuerdo, que cada uno de nosotros necesita aprender a Dios viviendo, no repitiendo cantos y consignas solamente. Necesitamos vivir en una tierra que promueva el amor. Una tierra de Dios, no bajo el Dios de nadie, sino el Dios de todos nosotros.

Ahora estamos corriendo como si fuéramos una nación Cristiana haciendo lo que otros tiranos han hecho. Matar a los que no están de acuerdo con nuestro estilo de vida.

La religión de la Misa Cristiana en varios tiempos de apogeo, tuvo muchos episodios de comportamiento incorrecto. Aquellas personas que habían ganado el control tenían visiones apocalípticas y deseos de un mundo totalmente Cristiano, gobernado por los blancos europeos. Su reino controlado de su versión de Dios.

Esta visión fue utilizada por aquellos pocos que obtuvieron el control de las masas para tener guerras religiosas en nombre de Dios. Quemaron mujeres en la hoguera porque las mujeres no se sometieron a su interpretación de Dios. Las mujeres tienen el útero de la tierra y conocen los principios de la crianza y el cuidado de la vida mucho más que un hombre que quiere poseer el mundo.

Estos gobernantes Cristianos, en nombre de su Dios, también separaron a los que no pertenecían a su Club de Religión y procedieron a matar a los demás en nombre de su Dios. Recuerda, el mismo Hitler era un coro Jesuita.

¿Y no es irónico que nuestro líder actual sea aclamado como elegido por el Dios Cristiano para dirigir, cuando toda su historia está rompiendo los diez mandamientos de Dios? Trump es la puesta en marcha. Él es un bufón que hace el ridículo del mal real y trata de causar estragos, para que puedan gobernar y poner orden en el caos que ayudaron a causar.

Trump es un buen hombre. El no es malvado Él está jugando un papel porque es un narcisista que ha sido recompensado por la sociedad por un comportamiento social verdaderamente equivocado.

Mira la razón detrás de los movimientos. No los movimientos. La vida es ajedrez y ver cómo se juegan los peones.

Gente, despierta. Nuestra nación no tiene visión, excepto pedir prestado y consumir. Luego, trabaje para pagar las deudas, vaya a los médicos y tome sus pastillas. Pregúntale a Alicia mientras Jefferson Airplane cantaba, cuando mide diez pies de altura son las palabras que oigo ahora. Alimentar el cerebro. Así es, acuda a su médico, tome sus pastillas y adormezca su meta / físico.
No tenemos confianza en la política. No podemos soportar a nuestros políticos y permitimos que los grupos de división digan que necesitamos candidatas, en lugar de, necesitamos candidatas que representen a todas las personas. En lugar de unir a la humanidad, estos grupos nos están dividiendo aún más.

¿Cómo paramos este juego? Necesitamos un líder de todas las personas. Y este líder no puede estar involucrado en la ganancia material.
Sí, un verdadero líder está involucrado con la ganancia de la comunidad. Los indios nativos sabían esta verdad.

Nuestra última elección presidencial de 2016 no fue más que un circo absoluto. Un carnaval de medios que hizo

que más personas abandonaran y luego se retiraran. Y si no votas, mereces lo que los demás voten por ti.
No había contenido, ni mensaje, solo odio. Debemos involucrarnos. No solo la ronda final, sino todo el capítulo local, estatal y federal.

Gente, necesitamos responder la pregunta básica de cada civilización a lo largo del tiempo. Esa pregunta es:

"¿Qué es una sociedad justa?"

No se venda la respuesta, pero hay que sentirla. Una sociedad basada en el miedo y el odio resultante es la sociedad equivocada. El engaño de que el enemigo viene a matarnos, debe parar.

Trump gana el cargo al faltarle el respeto a la mujer como género, a las personas por nacionalidad diferente a la de sus antecedentes familiares y también a la religión. Pero él no está solo, y nos vamos a ver este comportamiento demente.

Trump es un líder de qué personas? Recuerde, no ganó el voto popular del 45 por ciento del 100 por ciento de las personas que pudieron haber votado y optado por no votar.

La señora Clinton era peor, en mi opinión. ¿Por qué? Porque sabes lo que es Trump, así que trátalo. Clinton? ¿Quien es ella?
Esta mujer manipula, miente y habla de una manera, pero camina y actúa de manera exactamente opuesta. Pero ella controlaba los medios "liberales". Entonces, nos venden una Clinton diferente. Ella posa como si fuera un sustantivo. No es una cosa viva.

Como Karl Rove, el propio creador de Bush Segundo, me dijo en 1999:

"El juego es para atender a aquellos que realmente votan. Traer a otros votantes cambiaría el juego que juegan los políticos y quienes controlan su juego ".

Vamos a recapitular.

¿Qué es la Democracia de masas?

Uno, es una sociedad donde los medios de comunicación son propiedad del partido que dirige su nación.
La parte que dirige nuestra nación es el sistema bancario independiente que llamamos Reserva Federal. Sí, entiende esta verdad. Deja de creer que la Fed informa a nuestro gobierno. Por favor despierta.

Para mantenerse en el poder, deben controlar nuestros patrones de pensamiento. Esto lo hacen estimulándonos hoy con lo que todos pueden tener si usted, el individuo, se comporta y sigue las reglas de oro de aquellos pocos que se deslizan por el sistema y se convierten en celebridades.
Cuando los intelectuales intentan hablar, no se les da un púlpito en los medios de comunicación. Son retirados del público en masa.

Cuando un forastero se postula para un cargo, ese forastero no puede recibir ningún aviso porque el forastero necesita dinero para demostrar que el forastero es un candidato real.

La excepción es una persona que tiene dinero y obtiene medios de comunicación. Esta persona se presentará como un forastero y atraerá a los votantes afirmando ser el que ayudará a aquellos que el sistema ignora. Pero en verdad, ese forastero puede ser solo una ejecución para unirse al sistema, o una ejecución para hacer el nuevo paradigma.

Corrí para cambiar el sistema.

Como candidato para el Congreso este año, creí en el control de armas. Pero me presenté como un demócrata, con una buena oportunidad de unirme al partido como su candidato.

El juego terminó cuando intentaron controlar mis palabras. Me dieron una hoja del Partido Demócrata que me decía lo que no debía decir con respecto al control de armas. Y luego me dijeron qué decir.

Ejemplos son los siguientes:

¿ Manténgase alejado del control de armas. Decir Prevenir la violencia armada.
¿ Manténgase alejado de las leyes de armas más estrictas. Decir reformas de sentido común.
¿ Manténgase alejado de los propietarios de armas / apoyos. No diga cabilderos de la NRA y fabricantes de armas.
¿ Manténgase alejado de las enfermedades mentales o criminales. Decir personas con historias peligrosas.
¿ Manténgase alejado de los derechos de armas. Decir la propiedad responsable de armas.
¿Manténgase alejado de las leyes o políticas. Decir seguridad o seguridad.
¿Manténgase alejado de tiroteos en masa. Decir salvar la vida de nuestros hijos.

Esto es la Democracia de masas en el trabajo. Seamos políticamente correctos. No debemos ofender a las personas que se benefician de nuestra Democracia de masas. Diablos, incluso socializaremos sus pérdidas y privatizaremos sus ganancias. Todo en el nombre de democracia masiva de estupidez de élite. Demasiado grande para fallar, se nos dice. Tan grande que los títeres tienen miedo de procesar a unos pocos por robo y fraude. TRISTE.

No solo no seguí su ejemplo, sino que también ofrecí más soluciones. Como controlar la venta de balas. Poner marcadores en las balas para saber quién vendió y quién compró esas balas. Y, deja de darle drogas a los niños para controlar sus estados de ánimo.
Enséñales cómo vivir sus estados de ánimo. La humanidad solía hacer eso antes de que nuestros pocos controladores descubrieran cómo convertirnos en una sociedad de zombies. Todo para que esos vampiros pudieran alimentarse del resto.

La educación en la Democracia de masas es donde todo comienza. El lavado de cerebro de nuestros jóvenes. Para alinearse y no cuestionar, simplemente sea parte del sistema. No hay formación de personajes en la democracia de masas. No todo lo que aprendes es como agarrar un anillo en esta sociedad económica de desigualdad. Lo que te enseñan es el único sistema. Otra mentira. E incluso pides dinero prestado para quedarte para siempre en esta deuda falsa.

En el mundo de la educación de la Democracia de masas no hay verdades eternas absolutas. Porque si es eterno, uno debe estar preparado para los cambios que nunca terminan. Pero en la democracia de masas, se te enseña que el hombre puede conquistar todo. Una mentira.

No, te enseñan que ganar dinero es todo lo que es importante en la vida. Pregunte a su alrededor, vea cuál es el factor de felicidad en nuestra tierra llamada EE. UU. No muy alto. No todos pueden tener éxito en este juego de dinero. La mayoría fallará, y el odio surgirá, y ese odio tomará el control de sus mentes. Lo que permite que unos pocos tomen el control. En esta era, Trump no resolvió este juego. No, se dio cuenta de cómo podía obtener el control y usó nuestros medios masivos, porque sus actos dieron a los medios la audiencia que necesitaban para vender y vender lo que los anunciantes querían venderle a nosotros, la gente.

Nosotros, el pueblo, por nuestras acciones y no acciones, permitimos que nuestra nación sea tomada por una nueva forma de división televisada y odio. Trump no será el líder final.

El desorden que crea nos liberará o encarcelará nuestra tierra durante muchas generaciones. La respuesta aparecerá. Necesitamos atraer la energía que deseamos vivir.

Si no regresamos a una educación moral, la verdad desnuda es la siguiente:

¿ La violencia no será desterrada.
¿Más leyes o castigos más fuertes no acabarán con la violencia.
¿Se venderán más píldoras para adormecer aún más a la población general.

Solo el desarrollo de la conciencia abrirá el camino de regreso a una civilización superior. Esta es la traición de las elites. Prepararon el escenario para proteger su elevada posición en la vida pública. A ellos, solo les importa mantener su poder.

Y para hacerlo, debes eliminar la razón de nuestra conciencia. Tarde o temprano el fondo caerá y el fascismo volverá más fuerte que antes.

El fascismo es una semilla que necesitamos extinguir permanentemente, y para hacerlo significa tener una sociedad justa para todos. La Democracia que nuestros Padres Fundadores trataron de crear.

Es un gran juego y ningún jugador tiene el control. Es un juego de equipo, y muchos no se dan cuenta de que realmente están haciendo lo que están haciendo.

Solo un verdadero extraño de la escasez que crea este sistema puede ver la ilusión de estas reglas y regulaciones hechas por el hombre. Los veo como las prisiones imaginarias del control mental de las masas en términos de imágenes: el bosque creado por los árboles en su tablero de juego para controlar la vida.

Pero el juego es aún peor. Este es el avance del mariscal de campo para el touchdown ganador en la línea de meta actual. Oscuro contra claro. El mal que dejamos correr en la moneda del siglo XXI de nuestra tierra.

¿El juego?
El orden mundial
El FMI y el plan de juego de Industrial War Machines

El orden mundial

Ahora al nuevo crimen de la humanidad. Estamos militarizando a nuestra policía. Este es el juego y esto es el fascismo. Otra vez.

El juego final de la Democracia de masas es un mundo de fascismo nacional.

La democracia de masas nos divide en dos lados. Pero nos une cuando se identifica un enemigo que debe ser eliminado o contenido.

Mass Media es hoy en día propiedad corporativa o está controlada por el sistema bancario controlado por WASPs. Dirigido por, y para este equipo bancario, quienes han llevado a la bancarrota nuestra cultura de pensamientos independientes para construir nuevos sueños de comunidades. Los medios de comunicación de hoy detienen la construcción de equipos.

Si no estás de acuerdo, estás etiquetado como un extraño.

El juego de los medios de comunicación es perpetuar las reglas de la sociedad hegemónica de la tierra, el mar y el aire. En todos los aspectos de la vida.

Tenemos controles de vigilancia que monitorean todo. Cada respiro que tomas. Cada pensamiento anunciado que tienes.
El objetivo de esta élite bancaria es fácil de seguir. Aprendamos los tres objetivos para poseer y controlar nuestro tiempo aquí en la tierra. Entonces mira tus vidas.
El primer objetivo es mantener a la gente del anunciado primer mundo industrial en este orden dominante hegemónico en línea. Para asegurarnos de que obedecemos. ¿Quiénes son estas naciones? Las

naciones de la UE, Estados Unidos, Canadá, Australia, Japón y Rusia.

El comodín es Rusia. Una nación tan grande que tiene 11 zonas horarias. Con una población muy pequeña, la nación podría extraviarse. Es por eso que tenemos medios mixtos cuando escuchamos sobre Rusia.

Nosotros, el primer orden mundial, recientemente otorgamos la Copa del Mundo y los Juegos Olímpicos a Rusia. Deportes que muestran el orden de comercio y comercio de First World Banking. La esperanza es mantener a la gente en línea.

Rusia podría unirse a las naciones del Grupo Dos. Haz un nuevo orden mundial. Y esto podría suceder sin que China se una a este segundo orden mundial. Como China es el verdadero enemigo de la sociedad gobernante WASPs.
Entonces, ¿cómo mantenemos las primeras sociedades del mundo en línea? ¿Hacer miedo y difundir la muerte al azar? Luego, cree un nuevo ejército de controles de pensamiento mediante la seguridad doméstica y la policía se militarice. Haz que las personas se asusten mutuamente. Sigue dividiéndonos manteniendo privados los recursos de las necesidades.

Entonces ten la cura. Culpa a los demás por tus necesidades. Consigue chivos expiatorios, inmigrantes, musulmanes, negros, mexicanos, homosexuales, etc. Luego, construye muros en las fronteras. Haz que nos odiemos unos a otros.

El segundo objetivo es lograr que las segundas naciones del mundo se unan al estilo de vida de este club bancario.

El segundo mundo, según esta tripulación, son las siguientes naciones: México, Brasil, China, India, Sudáfrica y quizás Irán. El objetivo aquí es lograr que estos pocos estén en nuestro sistema, que conocemos como los banqueros del FMI.

China e Irán son problemas. China es su propia civilización. No necesita nuestros controles mundiales. Irán es un comodín. Podría unirse a China o nosotros.
El comercio mantiene a China, la nación, comprometida. Pero sepa que China es la sociedad viva más antigua de la tierra y nunca se someterá.

Grupo tres, son todos los demás. El juego aquí es mantener estas sociedades ricas en tierra y agua en línea. Haz que utilicen nuestro primer sistema bancario mundial.

Haga que estas naciones se sometan a nuestro mundo económico destruyendo toda oposición a pensamientos diferentes a nuestro orden de control. Solo ve lo que hacemos a los que no nos sometemos. Mira alrededor. Corea del Norte, Irán y Cuba, por nombrar solo tres. China es demasiado grande para atacar, así que tratamos de cortarlos en la cabeza. Asegúrese de que nadie se una a su sistema bancario.

Utilice nuestra cultura corporativa para ser las virtudes de vivir en este nuevo mundo, mejor orden. Haz que todos quieran ser americanos. La tierra que te vende McDonalds y Coca Cola, y los fondos de Monsanto.

El tercer objetivo es encontrar gobernantes que se sometan a su regla. Hazlos parte de tu club. Entonces escenifican elecciones falsas en estas tierras.

Gran Bretaña, en su día más importante, creó reyes, y luego convirtió a esos reyes en gobernantes de sus tierras y en parte de la presunta comunidad de los británicos. Eso es lo que el Reino Unido hizo a estos grupos de dos y tres naciones. Recuerde, Gran Bretaña hizo su imperio vendiendo personas, vendiendo drogas y robando recursos. Luego vendiendo esos recursos a la tierra en su nueva forma. Ejemplo: algodón, ahora como ropa.

Después de la Primera Guerra Mundial, fuera de Irán y Egipto, el Reino Unido esculpió las tierras del Imperio Turco Otomano en los Reinos que se sometieron al gobierno del Reino Unido. Las excepciones son Israel y el Líbano.

Pero Israel, al estar desplazados judíos de Europa Central, fue el frente perfecto para tener un primer estado mundial en esa masa llamada Oriente Medio. Estos Judíos creen que Dios los escogió. Ese grito de guerra es cómo sobrevivieron al Vaticano en la Edad Media, convirtiéndolos en el chivo expiatorio del control hegemónico Europeo del Vaticano.

Israel es hoy el segundo hogar de la máquina militar-industrial que asegura este primer modo de vida mundial. Tenían que hacerlo para sobrevivir a los Palestinos del tercer mundo. Un enemigo sin razón más que división.

Israel fabrica y vende las máquinas que espían y matan a las personas que no están de acuerdo con esta orden bancaria. Gran beneficio, también. También son el hogar de la tecnología para alimentar a las personas del mundo. Y no a la manera de Monsanto.

Este juego de división en Israel terminará porque la gente está cansada de odiarse sin razón de conciencia. El odio por proteger una orden bancaria independiente está realmente jodido. No es la idea de Dios. Haré todo lo que pueda para ayudar a lograr esto.

Cuando fui a Jerusalén esta primavera, vi el centro comercial de estilo estadounidense en el punto de entrada de la Torre de David. No podía creer la gentrificación de esta santa ciudad a tres religiones.

Los Palestinos están enjaulados en lo que se llama Cisjordania y Gaza. Supongo que pueden ser liberados cuando se someten a esta forma de orden del primer banquero mundial. O cuando la gente no dice más. Y creo que deberíamos conseguir a los terroristas a cambio. Más sobre esto en otro momento. Veo cómo reparar sus corazones rotos.

Permítanme ahora mudarme a la nación del tercer mundo que llamamos Cuba. Cuba, una tierra que amo. Esta tierra, independientemente de los crímenes de Castro, y sí, él mató, sin ninguna autoridad moral, está conformada por personas que hoy no se ponen material entre sí.

El gobierno de esta tierra cambiará. Castro, el hermano, morirá. No hay sucesor con el karma y el carisma para llevar a cabo a través de una sociedad controlada por un solo hombre. Cuba se abrirá y el truco es mantenerlo puro, ya que se convierte en una nación del siglo XXI. Espero y rezo para que no maten la moral alta de su barrio.

El arte y el deporte gobiernan esta tierra. La educación es su clave. No hay pandillas asesinas. Una tierra donde las personas se arraigan entre sí.
Sí, tiene sus problemas. Y el grande es Estados Unidos. Tenemos payasos con carencias morales absolutas como Marco Rubio, a quien me postulé para el Senado, tratando de castigar a Cuba, ¿para quién y para quién?

No alimentar a las personas, compartir nuestro exceso sin hacerlas como nosotros, es un abuso humano absoluto. Y una violación de las verdades universales totalmente naturales. Los cubanos rechazan nuestra rama de olivo porque, como dicen los medios, ven que necesitan a América.
 Todos nos necesitamos unos a otros, y tarde o temprano, el bloqueo no justificará la ausencia de estándares de vida

que los Cubanos soportan por los temas de Castro para continuar controlando la tierra y su gente.

Mira a Rubio por un momento. Nada entre sus oídos que no fue puesto allí por los controladores que dijeron hacer lo que decimos, y proporcionaremos. Rubio es solo uno de muchos en ambos lados del campo de juego de los partidos políticos de Estados Unidos. Absolutamente haciendo lo que se les dice.

Rubio es uno de muchos y solo mi ejemplo, está controlado por aquellos que causaron la guerra fría. La guerra que hizo de América la máquina militar industrial en que nos hemos convertido. Los títeres de Rubio necesitan un enemigo, así que mantengamos a los cubanos en ese equipo. Si los Estados Unidos hubieran abrazado a Castro en 1960, en lugar de empujarlo a Rusia, la historia sería diferente. De nuevo, conoce el juego; Necesitamos un enemigo.

Recuerda, Castro reemplazó a un monstruo colocado en los Estados Unidos, Batista. La primera inundación de refugiados cubanos fueron muchos miembros adinerados de esta regla de dictadura absoluta de Batista. Una regla que permitía a las empresas estadounidenses tener a Cuba como su paraíso de lugares de entretenimiento administrados por la mafia que se justificaba porque Estados Unidos era la nación elegida por Dios, sin informarle nunca. ¿De quién es Dios?

Y a estos pocos inmigrantes se les dio la capacidad de crear Cuba II. Una mafia cubana, que vive en el sur de Florida, hace un desastre para que puedan recuperar a Cuba y permitir que el FMI robe recursos, diciendo que el capitalismo es la única manera. El capitalismo, el sistema que te roba tus recursos, es el juego que juegan estas pocas personas. Luego haz que esos recursos sean escasos, para que los pocos te posean y te controlen.

Acabemos con esta mentira. El orden mundial

Ahora al nuevo crimen de la humanidad. Estamos militarizando a nuestra policía. Este es el juego y esto es el fascismo. Otra vez.
El juego final de la Democracia de masas es un mundo de fascismo nacional.
La Democracia de masas nos divide en dos lados. Sin embargo, cuando se identifique un enemigo, se eliminará el contenido.

Medios de comunicación es hoy en día propiedad corporativa o está controlado por el sistema bancario controlado por WASPs. Dirigido por, y para este equipo bancario, quienes han llevado a la bancarrota nuestra cultura de pensamientos independientes para construir nuevos sueños de comunidades. Los medios de comunicación de hoy detienen la construcción de equipos.

Si no estás de acuerdo, estás etiquetado como un extraño.

El juego de los medios de comunicación es perpetuar las reglas de la sociedad hegemónica de la tierra, el mar y el aire. En todos los aspectos de la vida.

Tenemos controles de vigilancia que monitorean todo. Cada respiro que tomas. Cada pensamiento anunciado que tienes.

El objetivo de esta élite es fácil de seguir. Aprendamos los tres objetivos para tener y controlar nuestro tiempo aquí en la tierra. Entonces miran tus vidas.

El primer objetivo es mantener en la línea. Para asegurarnos de que obedecemos. ¿Quiénes son estas naciones? Las naciones de la UE, Estados Unidos, Canadá, Australia, Japón y Rusia.

El comodín es Rusia. Una nación tan grande que tiene 11 zonas horarias. Con una población muy pequeña, la nación podría extraviarse. Es por eso que tenemos medios mixtos cuando escuchamos sobre Rusia.

Nosotros, el primer orden mundial, recientemente otorgamos la Copa del Mundo y los Juegos Olímpicos a Rusia. Deportes que muestran la orden de comercio y comercio de First World Banking. La esperanza es mantener a la gente en línea.

Rusia podría unirse a las naciones del Grupo Dos. Haz un nuevo orden mundial. Y esto podría suceder sin China en este segundo orden mundial. Como China es el verdadero enemigo de la sociedad gobernante WASPs.

¿O te gusta estar cómodo entumecido?

¿Te gusta una cabeza vacía?

¿Te gusta hacer lo que dijiste?

Democracia de masas tercera parte

El orden mundial totalitario o el regreso al cielo en la tierra,

¿Cómo salvaguardamos nuestra conciencia?

Verdad: El gobierno justo debe aparecer. ¿Cómo?
Al crear el gobierno del siglo XXI que sigue las verdades eternas de por qué un gobierno debería existir.
Estas verdades son para asegurar a las personas la vida, la libertad y la búsqueda de la felicidad, que se prometió cuando nuestra tierra se creó en 1776. Los principios no han cambiado, pero sí nuestra comprensión de las verdades eternas.
Nuestros estadistas deben estar dispuestos a no tener nada, y luego ser el verdadero líder de nuestro grupo, una banda de hombres del siglo XXI.

Esto es lo que creo que debemos hacer para restablecer nuestra tierra.

En este momento, la tecnología se ha apoderado de nuestra tierra. Controla quiénes somos y qué hacemos, qué pensamos y nos hace sentir lo que otros quieren que sintamos. Debe detenerse. Es la píldora del humor de nuestra mente. Y permite que otros nos vendan sus píldoras de control mental y físico.

Vamos a empezar con los cuatro grandes. Apple, Amazon, Google y Facebook. Estas empresas deben ser dirigidas por los gobiernos de la gente, y no por las élites que dirigen el gobierno. Estas empresas son realmente recolectores de datos.

Las pequeñas redes de individuos que se crearon cuando estas organizaciones eran bebés ahora son parte de una bestia que limpia la aspiradora y extrae datos y los vende con fines de lucro.

Son demasiado grandes para ser propiedad de unos pocos para su beneficio. Se han convertido en la máquina de la tecnología que posee y controla nuestras mentes y apaga nuestras almas.

Los niños que crearon Facebook en realidad permitieron que unos pocos crearan aplicaciones sobre su plataforma de red social. Su plataforma almacena datos. Los deseos y necesidades de usted: el público al compartir o gemir lo que quiere y necesita cuando se despierta, se aburre durante el día o antes de que se apague y se vaya a dormir. CONTROL MENTAL.

La campaña de Trump usó una compañía con sede en el Reino Unido llamada Cambridge Analytica para extraer los datos y luego analizar el "polvo de oro" almacenado en la computadora que encontró.
Utilizó este polvo dorado para hacer que la información se ajustara a diferentes formas y tamaños al pedir que los datos se dividieran en diferentes grupos que respondieron ciertas preguntas, todo para determinar cómo hacer que nuestros usuarios de Facebook estén lo suficientemente enojados con sus vidas y hagan algo como votar por el supuesto extraño llamado Trump. O no votar por Clinton. O simplemente manténgase entumecido y abandone la elección.

Nuevamente, los datos se extrajeron para hacer que brinden información sobre el corazón y las almas de las personas cuyos datos Facebook permitió que la Compañía obtuviera una tarifa. Una tarifa, por lo que podría mostrar al público que el sistema funciona y genera dinero, no se limita a nadie ni a ningún otro propósito, sino que genera dinero y el precio de las acciones debería subir. Todos somos parte de este loco juego de dinero, ante todo.

Debo agregar una verdad importante ahora mismo. Trump y todo su imperio no son forasteros. No, son parte del juego del dinero primero. Eligió al Partido Republicano por sus valores, donde los buenos viejos días de WASPs blancos estaban a punto de convertirse en historia. Ir, ir, y luego desaparecido. Leyó las hojas de té. El Partido Demócrata no tiene tema, solo más de lo mismo. Trump corrió como un republicano enojado.

Ambas partes tienen el mismo control bancario. Mismos folletos Igual te lo daremos si conseguimos poder.

Pero la verdad es que tienen el deber de brindar salud, bienestar y seguridad a toda nuestra comunidad de iguales. Este es un deber, porque todos merecemos vivir en este período de tiempo, no solo los que formaron a estas pocas élites educadas con lavado de cerebro.

Se hace el Partido Demócrata de los Clinton. Los jóvenes heredarán el mundo y este proceso de pensamiento debe ser enterrado, ya que es una reliquia del control mental de los dinosaurios. Cuando la información fue retenida, y la verdad era un secreto.

Entonces, es hora de que aparezca un tercero, como hicieron los republicanos en 1856. Ese partido liberó a los esclavos y cambió nuestro gobierno. El partido de hoy está en camino al fascismo. Necesita detenerse.

Trump está en control. Trump se vendió a sí mismo como un forastero al público porque era un forastero en el juego de los títeres de los políticos y compró campañas. Pero él no era ajeno a la democracia de masas. Fue uno de los líderes que se vendió a sí mismo como la voz de sorpresa de los empresarios. Pero debo agregar, empresarios sin valores morales en nuestros tiempos actuales. Y los televidentes que necesitaban espectadores para vender a los anunciantes, para comprar anuncios amaban su rutina.

Ahora, ¿cómo volvemos a una tierra de valores morales? ¿Uno donde creamos un camino para que todos persigan la felicidad?

Nos damos a los demás un gobierno que tiene el deber de proporcionar bienestar y seguridad de salud a todos sus ciudadanos, independientemente de su rango social o género, raza, preferencia sexual, preferencia religiosa o cualquier distinción de clase hecha por el hombre.

Esto es un mínimo. Llamémoslo boleto de entrenador a un nivel de vida para todos. La falta de esta simple verdad crea el miedo a la incertidumbre y permite que unos pocos controlen el todo.

Luego cambiamos las reglas electorales de nuestra nación. Lo que hacemos es poner un límite a lo que puede gastar y cuándo puede gastarlo. No más rogando y vendiendo sus almas por dinero. No. Corres para la oficina en la misma puerta de salida. Detenemos los anuncios en las ondas públicas. Este cambio es un cambio de juego. Los anuncios para el público que utilizan las ondas públicas no deben ser para fines privados, lo que perpetúa la locura de la democracia en masa.

La educación debe ser pública y para todos. Si quieres escuela privada, pagalo. Pero el público debe tener una opción para ser educado por nuestro gobierno. Y sí, podemos permitírnoslo. Si resolviera lo que pensaba, obtendría tasas universitarias gratuitas en las universidades públicas, siempre que el estudiante devuelva a la sociedad la mitad del tiempo que asistió a la escuela en público, haciendo servicio comunitario antes de negocios privados como un trabajo de tiempo completo. Después de las horas, vaya a crear pero a las horas de trabajo, debe devolver a la sociedad lo que le dieron a usted. Y la sociedad te pagará un salario digno.

Y la escuela debe enseñar las humanidades. Debemos compartir nuestro conocimiento de la creación de la humanidad como descubrimos nuestro espacio vital aquí en la tierra y dentro de nuestro universo. Debemos enseñarte a crear. Y saber que no es anormal. Todos tenemos la capacidad de hacerlo si lo intentas. Debemos volver al amor de todos, no al odio por nadie no solo como yo.

Dicho esto, debemos crear empleos financiados por los distintos gobiernos para proporcionar todas las ocupaciones de la comunidad. Desde maestros, limpiadores de calles, policías y bomberos, y enfermeras durante las horas después de clases de artes y artesanías, así como deportes. Debemos tener comunidades locales que apoyen a la gente. Y la gente debe apoyar a las comunidades locales. Así es como funciona un corazón. Da y toma. Así debemos hacerlo en nuestras rutinas cotidianas.

Los políticos deben dejar de decir que me elijan, volveré a traer empleos. Se han ido, y este es un período diferente en la historia de nuestra raza humana. Necesitamos crear nuevos empleos y oportunidades para esta era. Deja de vivir el pasado. Deja la tierra del tiempo solo. Podemos hacerlo Somos la moneda. Somos abundancia, no escasez.

La gente necesita gente. Debemos aprender a llevarnos bien todos. ¿Por qué no podemos todos ser amigos? Podemos, si todos tenemos iguales oportunidades.

Debemos proporcionar, como mínimo, atención médica a todos los ciudadanos. Un sistema de pago único. Y este cuidado de la salud es más que simplemente arreglar con pastillas lo que está dañado o roto dentro de nuestros cuerpos. Esta atención médica incluye enseñarle lo que debe hacer para mantenerse saludable.

Hazte consciente de lo que pones en tu cuerpo o de lo que nosotros, la sociedad ponemos en tu cuerpo.

Lo que me lleva al papel de un gobierno. El rol del gobierno es detener el mal comportamiento de los pocos que dañan al resto. Especialmente cuando las circunstancias cambian, y aprendemos que lo que aceptamos antes tiene consecuencias de las que no nos dimos cuenta y ahora entendemos. Estoy hablando de los alimentos que comemos, el agua que bebemos y el aire que respiramos.

Ahora terminemos lo que debemos hacer para crear nuestra sociedad justa, en línea con nuestra promesa a Dios. La promesa de que nuestra nación proporcionará vida, libertad y la búsqueda de la felicidad a todas las personas que viven.

Debemos detener los productos químicos en nuestros alimentos y en otros lugares. Es un requisito. Nuestros cuerpos no fueron hechos para digerir estas creaciones del hombre. Nuestros cuerpos corren sobre la naturaleza viva. La naturaleza con la esencia llamada vida. Los productos químicos no tienen fuerza vital. Matan las máquinas que la madre naturaleza y Dios crearon, para que vivamos y disfrutemos de la vida física.

Los productos químicos que colocamos en el césped para mantenerlos artificialmente verdes deben terminar. Tenemos que dejar de poner productos químicos en el agua, así como en el aire.

Todo lo que sube, baja. La gravedad es esta regla. Estos químicos en el aire o la tierra y los mares matan.

Y matan lentamente, lo que puede ser bueno para las ganancias en papel de las compañías farmacéuticas, pero no hacen nada para la sociedad en general. Además, existe el efecto boomerang en el que esto perjudicará a las familias y amigos de quienes cometen estos crímenes causados por el hombre.

Y debo agregar que el comportamiento incorrecto de una empresa es el comportamiento incorrecto de los individuos que causaron e hicieron el acto. Debe existir responsabilidad personal tanto civil como penal.

El ambiente de nuestras vidas debe protegerse si realmente queremos atención médica para todos. Necesitamos detener los combustibles fósiles de todo tipo como la forma en que manejamos nuestra sociedad.
Hay una razón por la cual la tierra enterró los gases y el oro negro llamado petróleo debajo de la tierra. La razón espiritual por la que esto ocurrió fue porque no sirve a los vivos de ninguna manera.

Deseo llevar este libro a su conclusión. Este libro es para escuchar el espíritu detrás de los vientos, la lluvia y los fuegos de nuestro mundo. Necesitamos vivir con la tierra, y con Dios.

Hoy somos la raza caída de la humanidad. Estamos todos sobre el selfie. Incluso Apple, y sus teléfonos de control, promueven la toma de fotos para compartir lo maravillosos que somos.

Yo también soy culpable de mí antes que nosotros. Pero estoy al tanto, y este libro es la acusación de mí y de todos los que creemos que estamos viviendo la vida. Pero ¿de quién es la vida? No la nuestra.

Somos una nación creada para compartir en equipo a nuestra comunidad. Empezamos tan fuertes solo para rendirnos. Somos los caídos. Nos hemos rendido a mammon. El hombre creó y promovió el deseo por las posesiones. El proceso de comercialización de Big Time es realmente el proceso de escondernos de nuestras almas.

Tenemos que dar a todos un jubileo de todas las deudas. Tenemos que empezar de nuevo. Necesitamos acabar con el interés de los esclavos. Inmediatamente.

La Biblia que adoramos, en la sección 15.1 de Deuteronomio, dice que después de siete años de deuda, los dueños de la deuda deben cancelarla. Dale al deudor la oportunidad de ganar otra vez. Entonces deja que la conciencia del deudor decida qué hacer por ti. Recuerda la canción, esa es la vida. Alto en abril y estalló en mayo?. Pero volvemos a la cima en junio. Todos tenemos nuestra insensibilidad, así que dejemos que todos ganen.
 Y si su deuda es cancelada, deduzcala de sus impuestos. Tenemos que darles a todos una oportunidad, como dice la Biblia.

Necesitamos que todos crean. Necesitamos vivir este año, no el año pasado. Necesitamos que todos ganen. Necesitamos emprendedores para volver a respirar. Necesitamos el despojo del capitalismo para acabar.

Deje que la versión de inversión moralmente correcta salga de las sombras de nuestros deseos enfermos isleños. Ninguna sociedad es una isla y todos necesitamos recuperar a la raza humana.

América, nuestra Columba, ¿dónde estás ahora? ¿No te importan tus hijos e hijas?

Y diciendo eso, hagámoslo en todo el mundo. Gente, ¿no te importan tus hijos e hijas? Seamos hijos de Abraham. Antes de que tus descendientes cambien el juego.

Hay un solo Dios, y tenemos que elegir a Dios. Una primera creación de la existencia física y las condiciones del pensamiento mental. Sí, debemos elegir a Dios y vivir con nuestro receptor, que nos dice dónde lanzar y qué lanzar. Que sea el juego de Dios.

Mis amigos, esa es la Columba. Esa es nuestra eternidad si podemos hacerlo aquí en la tierra. Podemos. Ora, y ve y haz. No se limite a orar. Visualiza, y hazlo realidad. Usted puede, si todos cerramos los ojos y vemos de dónde venimos.

Para algunos, este es el fin. Para otros, este es un nuevo comienzo, mis amigos. Necesitamos un nuevo comienzo de nuestra elección como grupo que vive con Dios. No bajo Dios, sino con Dios.

Este es mi insomnio espiritual. Tratando de hacer realidad un cuento de hadas de nuestra conciencia. Tratando de hacer el cielo soñamos con una realidad viva.

Recuerda, los cuentos de hadas pueden hacerse realidad cuando eres joven de corazón. Esa línea es de una canción que mi mamá solía cantarme.

Mamá, que era un gran jugador de cartas, sabía la verdad, simplemente no la vivió, al final. Entonces me dio esas palabras de sabiduría y dijo: "Stevie, vive la vida de esta manera y todos tus sueños puede que se hagan realidad ".

Mamá, te ruego que tengas razón. Haré mi papel para hacerte bien.
Nunca me rendiré.
Y papá, como hemos comentado, no le dan elección, comparte razón.
Este libro está dedicado a todos ustedes.
Que finalmente podamos despertarnos.

www.ingramcontent.com/pod-product-compliance
Lightning Source LLC
LaVergne TN
LVHW021706060526
838200LV00050B/2535